COLLECTION
ROLF HEYNE

DER SUPPENGOURMET

Arlette Sirot

DER SUPPENGOURMET

Kulinarische Entdeckungen
rund um die Terrine

Collection Rolf Heyne
München

Titel der französischen Originalausgabe:
Recevoir autour d'une soupe
Ins Deutsche übertragen von Gisela Sturm

Die Originalausgabe erschien 2000 bei
© Éditions du Rouergue

Éditions du Rouergue
5, rue Cusset
12000 Rodez

Copyright © 2002 der deutschen Ausgabe by
Collection Rolf Heyne GmbH & Co. KG, München
Umschlaggestaltung: R.M.E. Roland Eschlbeck/
Rosemarie Kreuzer (Fotos von Dorian Shaw)
Redaktionelle Leitung: Colette Gouvion
Redaktion: Sylvie Hinderberger
Layout und Illustrationen: Claire Connan
Fotografie: Dorian Shaw
Herstellung: Karlheinz Rau
Satz: Jürgen Hübner
Druck und Bindung: Printer Trento, Trient

Printed in Italy

ISBN 3-89910-145-6

INHALT

WAS MICH ZU DIESEM BUCH INSPIRIERTE

Kochen ist Kunst und Übungssache zugleich. Die großen Meisterköche sind wie Künstler; sie kreieren Rezepte, entwickeln neuartige Geschmacksverbindungen und erweitern durch ihre unerschöpfliche Lust am Experimentieren ihr Repertoire ständig um neue ausgefeilte Gerichte. Wir Feinschmecker profitieren von diesem Können, indem wir die Rezepte im Original nachkochen oder sie ganz nach persönlichem Geschmack variieren und abändern.

Auch ich selbst zähle mich zu den Feinschmeckern. Ich habe immer gerne gegessen und meine Freunde zum Essen eingeladen – und diese Vorliebe zum Beruf gemacht, indem ich mich ganz der Gastronomie verschrieben habe.

Suppen spielen bei der Zusammenstellung meiner Speisekarten eine zentrale Rolle. Trotzdem muss ich gestehen, dass ich nicht alle Suppen in diesem Buch selbst entwickelt habe. Die Rezepte stammen aus verschiedenen Quellen: aus den zahlreichen internationalen Kochbüchern, die ich wie Romane las und immer noch lese; aus meiner Zeitschriftensammlung und nicht zuletzt aus meinem eigenen Erfahrungsschatz und meiner Kochpraxis, während der ich im Laufe der Jahre auch den einen oder anderen Starkoch kennen lernen durfte. All diese Rezepte habe ich auf meine ganz persönliche

Art interpretiert, sie teilweise verändert und abgewandelt; und wie die meisten Koch-

buchautoren weiß ich heute nicht mehr genau, woher die Idee für ein bestimmtes

Rezept stammt: ob ich es dem gewaltigen Rezeptfundus oder einem Meisterkoch ent-

liehen habe, ob es von der regionalen Küche inspiriert wurde und welche Note ich

selbst dazu beigetragen habe.

Deshalb möchte ich an dieser Stelle allen, die mich in irgendeiner Weise zu

diesem Buch inspiriert haben, meinen herzlichen Dank aussprechen. Ich würde mich

sehr freuen, wenn auch meine Leserinnen und Leser die Rezepte dieses Kochbuchs

in ihr eigenes Küchenrepertoire aufnehmen, sie nach ihrem Geschmack abwandeln

und dadurch dazu beitragen würden, dass die traditionelle Küche als unerschöpfliche

Quelle der Tafelfreuden auch die kommenden Jahrhunderte überdauert.

Arlette Sirot

DIE ZEIT DER SUPPEN

Eine Suppe zum Abendessen. Die Idee ist weder neu noch originell. Schließlich war die Suppe viele Jahrhunderte lang die Hauptnahrung der Arbeiter und Bauern, während sich die Tafel der Mächtigen unter dem vielfältigsten Speisenangebot bog. Das einfache Volk ernährte sich von Grütze und einem Stück Brot, das mit Brühe übergossen und – je nach dem, was die Speisekammer hergab – mit etwas Speck, Fleisch oder Eiern angereichert wurde. Die Rezepte in diesem Buch setzen diese Tradition in gewisser Weise fort. Es sind nicht die feinen, leichten Süppchen, die man zum Auftakt eines Essens reicht, sondern vollständige Gerichte, die nicht nur wohlschmeckend, sondern auch äußerst nahrhaft sind.

Die Suppen in diesem Buch wurden so ausgewählt, dass Sie je nach Laune, Anlass oder Jahreszeit schnell das richtige Rezept finden. Deftige Suppen mit Fleisch, Gemüse, Getreide oder Teigwaren sind für den großen Hunger bestimmt. Mit Alkohol versetzte Suppen huldigen der französischen bäuerlichen Sitte des »chabrot«, nach der die Suppe mit Rot- oder Weißwein, Bier oder einem Gläschen Tresterschnaps verfeinert wird. Suppen aus allerlei Gemüse und Wildkräutern – am besten frisch aus dem Garten – sind für Liebhaber vegetarischer Suppen gedacht. Kalte Suppen sind köstlich an warmen Sommerabenden. Festliche Suppen sind für besondere Anlässe gedacht, setzen jedoch auch eine volle Haushaltskasse voraus.

Selbst süße Suppen und Kaltschalen kommen nicht zu kurz: als Dessert oder als origineller Imbiss für Freunde, die nachmittags auf einen Sprung vorbeikommen!

Von einigen Ausnahmen abgesehen wird aus jeder Suppe durch eine Beilage oder frisches Brot ein vollständiges Menü. Solche Suppenmenüs sind sehr praktisch, da sie sich meist mühelos zubereiten lassen. Die Vorbereitungen sind schnell erledigt, auch wenn manche Rezepte eine etwas längere Garzeit benötigen. Zudem sind Suppen – die festliche Variante einmal ausgenommen – erfreulich preiswert und machen so auch größere Runden satt. Noch dazu lassen sich fast alle Suppen im Voraus zubereiten, sodass man sie vor dem Servieren nur noch kurz aufwärmen muss. Und die Geräte und Hilfsmittel, die man zum Kochen braucht, finden sich in jeder Küche. Suppe, Salat, Käse, Dessert: Niemand muss sich abhetzen, gestresste Köchinnen und Köche gehören der Vergangenheit an, denn die Gastgeber können in aller Ruhe bei ihren Gästen am Tisch sitzen, bis das Essen beendet ist. Und nicht zuletzt können Sie den Tisch angesichts der vielen unterschiedlichen Farben, Konsistenzen und Beilagen mit lustigen Tischtüchern und originellem Geschirr in schönen Farben eindecken und mit ausgefallenem frischem Grün dekorieren, z. B. mit Artischocken.

Im Französischen unterscheidet man »potage« und »soupe«. Worin der Unterschied liegt, ist immer noch ungeklärt, und die Antwort darauf wird durch stets neue Küchentrends und zunehmend raffiniertere Suppenrezepte immer komplizierter.

Sprachhistorisch betrachtet ist »potage« das ältere Wort, weil es sich vom »pot« ableitet. Dieses Wort bezeichnet nicht nur den Kochtopf, sondern ist auch Oberbegriff für alles, was die Menschen seit der Entdeckung des Feuers über Jahrhunderte in dieser genialen Erfindung so zusammenbrauten. Archäologische Funde belegen sogar, dass die Menschen schon vor der Erfindung des Kessels Eintöpfe zubereiteten. Zu diesem Zweck füllten sie einen ausgehöhlten Stein mit Wasser, legten glühende Kieselsteine hinein und verwandelten so die gesammelten Wildkräuter in einen aromatischen Sud. Unsere modernen elektrischen Wasserkocher sind im Grunde genommen nur eine Weiterentwicklung dieses einfachen, aber genialen Systems. Der Kochkessel, wie wir ihn kennen, kam erst mit der sich immer mehr ausbreitenden Töpferkunst in Gebrauch. Später wurde er aus Metall gearbeitet – und in dieser Form hat er bis heute überdauert.

Die »Suppe« hat dagegen mehrere Ursprünge. Das mittel-niederdeutsche Wort »supen« bedeutet »mit dem Löffel essen«. In ländlichen Gegenden Frankreichs wird das Wort »soupe« mit Brot in Verbindung gebracht. Das lateinische »sappa« wiederum bedeutet »einweichen«. Was aber wurde in der Suppe eingeweicht? Getreide, Brot, Teigfladen gab es ja erst, nachdem der Mensch begonnen hatte, den Boden zu kultivieren – lange nachdem er schon andere Suppen kochen konnte. Trotz dieser Tatsache taucht das französische Wort »soupe« bereits Ende des 12. Jahrhunderts urkundlich auf, die »potage« erst ein Jahrhundert später. Die Frage, was zuerst war – »soupe« oder »potage« –, bleibt vorerst also ungeklärt. Im Übrigen pflegte man die beiden Wörter lange Zeit ohnehin für ein und dieselbe Sache zu verwenden. Erst im 17. Jahrhundert beanspruchte der

Adel das vornehmere »potage« für sich, um seine Kochkünste von der ordinären »soupe« aus eingeweichtem Brot abzuheben. Am Hof war es üblich, gleich vier »potages« aufzutragen, die sich an Raffinesse gegenseitig stetig überboten. Die »potage« kam in einem Kessel an die Tafel, und eine Art Gewürz-Etagere, »dormant« genannt, ging nach einer hübschen Sitte von Hand zu Hand. Dagegen sollte die Suppe aus eingeweichtem Brot, die an guten Tagen mit einem Stückchen Räucherspeck, einem Knochen oder etwas Fleisch angereichert wurde, noch weitere zwei Jahrhunderte die Hauptnahrung des einfachen Volkes bilden.

Gängige Redensarten wie »zur Suppe laden« oder »jemandem die Suppe versalzen«, die sich über Jahrhunderte hinweg im allgemeinen Sprachgebrauch erhalten haben, zeugen auch heute noch von der Bedeutung, die der Suppe als Alltagsnahrung zukam. Ursprünglich als Bezeichnung für eine bestimmte Zubereitungsart gedacht, wurde das Wort »Suppe« im erweiterten Sinn Synonym für Nahrung, Tafelfreuden und Geselligkeit an sich – und das selbst dann, wenn gar keine Suppe aufgetragen wurde! Seit die Menschen ihre ersten Speisen kochten, steht die Suppe für »Nahrung« und »Überfluss«. Suppe symbolisiert mütterliche Fürsorge, egal wer sie zubereitet – eine unbekannte Hausfrau oder ein Starkoch. Mit einer Einladung zur Suppe nähren Sie Leib und Seele Ihrer Gäste. Suppe macht Ihnen den Alltag leichter, sie symbolisiert Tafelfreuden, Fülle und nette Gesellschaft. Die Suppe wartet – guten Appetit!

Colette Gouvion

DIE REZEPTE

1 KALTE SUPPEN FÜR HEISSE TAGE

FESTLICHE ANLÄSSE

3 SUPPEN MIT ALKOHOL

4 GEMÜSESUPPEN

5 | DEFTIGE SUPPEN

6 SÜSSE SUPPEN

7 BROT UND AROMATISIERTE ÖLE

KALTE SUPPEN
FÜR HEISSE TAGE

Suppe an heißen Sommertagen? Ja, wenn man sie kalt oder sogar eisgekühlt serviert. Während kalte Suppen hierzulande noch immer recht ungewöhnlich sind, haben sie in Spanien und Portugal eine lange Tradition. In diesem Kapitel präsentieren wir Ihnen eine Auswahl besonders erfrischender gekühlter Suppen. Dazu passt knuspriger Toast, hausgemachtes Brot oder ein anderes Gebäck (Rezepte Seite 137 ff.). Etwas Fleisch oder Gemüse in Aspik und ein frischer Salat runden das Ganze ab. Alle Rezepte lassen sich gut im Voraus zubereiten, sodass Sie an lauen Sommerabenden mit Ihren Gästen ungestört am Tisch sitzen bleiben können. Die köstlich kühlen Suppen präsentieren sich in den schönsten Farben. Lassen Sie Ihrer Fantasie daher auch beim Tischdecken freien Lauf: Jetzt kommt die Stunde ausgefallener Tisch- und hübscher Wachstücher sowie lustiger Gläser oder bunter Tassen, Teller und Schalen aus Kunststoff (z. B. Kindergeschirr). Sogar ein Blumentopf kann zur Suppenterrine umfunktioniert werden, wenn man das Loch mit Silikon abdichtet.

1

GEEISTE GURKENSUPPE

Ein Klassiker in neuem Gewand. Mit diesem köstlichen, feinen Gericht können Sie Durst und Hunger gleichermaßen stillen. Eine stilvolle Suppe, mit der Sie Ihre Gäste überraschen können. Dazu schmecken z. B. Garnelen in knusprigem Teigmantel.

Die Gurken schälen. Einige Gurkenscheiben für die Garnitur aufbewahren. Den Rest hobeln oder in sehr feine Scheiben schneiden. Mit grobem Salz bestreuen, in ein Sieb geben und eine Stunde lang ziehen lassen.

Die Gurke mit Joghurt, Weißwein, Zitronensaft, der fein gehackten Knoblauchzehe und weißen Zwiebel, Zucker, Salz und Pfeffer vermengen. Zudecken und mindestens 2 Stunden im Kühlschrank ruhen lassen.

In der Zwischenzeit die Brunnenkresse verlesen, abbrausen und trocken tupfen.

Vor dem Servieren die restlichen Gurkenscheiben und die Kresseblättchen in die Suppe rühren.

Für den Ausbackteig alle Zutaten bis auf das Öl vermengen und 15 Minuten quellen lassen. Die frischen Garnelen garen, bis auf die Schwanzflosse schälen, in den Ausbackteig tauchen, abtropfen lassen und in heißem Öl knusprig ausbacken. Die Garnelen aus dem Öl heben und auf Küchenkrepp abtropfen lassen. Reichen Sie die noch sehr heißen Garnelen auf einem großen Servierteller, von dem sich jeder Gast selbst bedient.

Anstelle der Brunnenkresse können Sie auch Minze verwenden.

SCHWIERIGKEITSGRAD

Einfach

ZUBEREITUNGSDAUER

15 Minuten (zuzüglich 4 Stunden Kühlzeit)

ARBEITSGERÄTE

Rohkostreibe · Küchensieb · Mixer · Schaumlöffel · Frittiertopf

ZUTATEN

2 mittelgroße Gurken
Grobes Meersalz
4 Becher Vollmilchjoghurt
1 Glas Weißwein
Saft von ½ Zitrone
1 kleine Knoblauchzehe
1 kleine weiße Zwiebel
1 TL Zucker
Pfeffer
1 Sträußchen Brunnenkresse
12 frische große Garnelen oder TK-Garnelen im Teigmantel

Für den Ausbackteig:
250 g Mehl
½ l Milch
2 Eier
Salz, Pfeffer
1 TL Öl

GURKEN-GAZPACHO

REZEPT: FÜR 4 PERSONEN

Reichen Sie zu dieser erfrischenden, vitaminreichen Suppe einige mit Auberginencreme bestrichene Scheiben Paprika- oder Kuchenbrot (Rezepte Seite 141 und 142). Zusammen mit Hähnchenfleisch in Aspik erhalten Sie ein bekömmliches Abendessen.

●

Zwiebeln und Knoblauch hacken. Die Gurke schälen, der Länge nach halbieren und die Samen mit einem Teelöffel herauskratzen. Ein Stück Gurke für die Garnitur beiseite legen, den Rest in dünne Scheiben schneiden.

Öl und Butter erhitzen, die gehackte Zwiebel in den Kochtopf geben und darin andünsten, bis sie Farbe annimmt. Knoblauch und Gurke hineingeben, umrühren und im offenen Topf 5 Minuten garen lassen. Brühwürfel hinzufügen, 750 ml Wasser angießen und Thymianblüten, Cayennepfeffer, Selleriesalz sowie frisch gemahlenen Pfeffer darüber geben. 10 Minuten garen lassen, dann die Sahne unterrühren und alles noch einmal aufkochen lassen.

Mit einem Schaumlöffel das gegarte Gemüse herausheben, 1 Löffel Kochsud und einige Minzeblättchen darüber geben und untermischen. Dann das Ganze wieder in die Brühe zurückgeben.

Die Tomate enthäuten, entkernen und in kleine Würfel schneiden. Mit dem Parisienne-Ausstecher kleine Kugeln aus dem restlichen Gurkenfleisch ausstechen. In stark gesalzenem, kochendem Wasser blanchieren. Abtropfen lassen.

Gazpacho in eine große Schale füllen. Tomatenwürfel und Gurkenperlen hinzufügen und alles mindestens 1 Stunde im Kühlschrank kalt stellen.

SCHWIERIGKEITSGRAD

Einfach

ZUBEREITUNGSDAUER

30 Minuten (zuzüglich 1 Stunde Kühlzeit)

ARBEITSGERÄTE

Kochtopf
Schaumlöffel
Parisienne-Ausstecher

ZUTATEN

1 ½ Zwiebeln
1 Knoblauchzehe
1 große Gurke
1 TL Olivenöl
1 TL Butter
1 Würfel Geflügelbrühe
Thymianblüten
1 Msp. Cayennepfeffer
1 Msp. Selleriesalz
Pfeffer
100 g Sahne
1 Zweig frische Pfefferminze
1 mittelgroße Tomate
Salz

MELONENSUPPE MIT SCHINKEN

REZEPT: FÜR 4 PERSONEN

Ein exotischer Muntermacher für heiße Abende. Dazu passt frisches Land- oder Mohnbrot mit Butter und rohem Schinken (Rezepte Seite 138 und 141).

●

Die Melone halbieren und die Kerne herauskratzen. Melone in Spalten schneiden, das Fleisch von der Schale lösen und in Stückchen schneiden. Mit dem Zitronensaft im Mixer zerkleinern. Muskat und Gewürznelken hineingeben. So viel Wasser angießen, bis das Ganze eine suppige Konsistenz hat.

Den Schinken in Würfel schneiden und in die Suppe geben. Kräftig mit frisch gemahlenem Pfeffer abschmecken und mit Minzeblättchen dekorieren. In den Kühlschrank stellen.

SCHWIERIGKEITSGRAD

Einfach

ZUBEREITUNGSDAUER

10 Minuten (zuzüglich 1 Stunde Kühlzeit)

ARBEITSGERÄTE

Mixer

ZUTATEN

1 große Zuckermelone
Saft von 1 Zitrone
Muskat
3 Gewürznelken
2 dicke Scheiben roher Schinken, zusätzlich pro Person 1–2 dünne Scheiben roher Schinken
Pfeffer
Minze

ROTE-BETE-SUPPE MIT KARTOFFELPÜREE

REZEPT: **FÜR 6 PERSONEN**

Reichen Sie zu dieser erfrischenden, vitaminreichen Suppe einige mit Auberginencreme bestrichene Scheiben Paprika- oder Kuchenbrot (Rezepte Seite 140 und 142). Zusammen mit Hähnchenfleisch in Aspik erhalten Sie ein bekömmliches Abendessen.

●

Die Roten Bete schälen und klein hacken. In einen Kochtopf mit 2,5 l kochendem Wasser geben. 10 Minuten kochen lassen. Salzen. Die Crème fraîche unterrühren und alles durch ein Passiergerät drücken.

Die Eier verquirlen, unter kräftigem Rühren in die Suppe einarbeiten und das Ganze danach durch ein Spitzsieb streichen. Mit Muskat, Salz und Pfeffer würzen und abkühlen lassen.

Etwa 30 Minuten vor dem Servieren die ungeschälten Kartoffeln in gesalzenem Wasser garen. Abgießen, schälen, mit einer Gabel zerdrücken, Butter oder Sahne einrühren und mit Muskat würzen.

Die Suppe wird zusammen mit dem Püree serviert: Man isst zunächst etwas von dem warmen Püree, dann einige Löffel kalte Suppe – und das immer im Wechsel.

Dazu passen Rote-Bete-Chips gut: Schneiden Sie mehrere Knollen frische Rote Bete in dünne Scheiben, frittieren Sie sie in Öl und stellen Sie sie zusammen mit der kalten Suppe und dem warmen Püree auf den Tisch.

SCHWIERIGKEITSGRAD

Einfach

ZUBEREITUNGSDAUER

30 Minuten (zuzüglich 1 Stunde Kühlzeit)

ARBEITSGERÄTE

2 Kochtöpfe
Passiergerät
Spitzsieb

ZUTATEN

500 g Rote Bete
3 EL Crème fraîche
3 Eier
Muskat
Salz
Pfeffer
12 Kartoffeln
Butter oder Sahne

GEEISTE TOMATENSUPPE MIT KRÄUTERN

REZEPT: FÜR 6 PERSONEN

Diese aromatische Gemüsesuppe schmeckt wie im Urlaub am Mittelmeer. Dazu passen kalte gefüllte Tomaten und ein Rucolasalat mit hauchfein gehobeltem Parmesan vorzüglich.

Die Tomaten schälen, das Kerngehäuse entfernen und das Fruchtfleisch in Viertel schneiden; die Zwiebeln schälen und klein hacken. Zucchini schälen.

Zwiebeln, die in grobe Stücke geschnittenen Zucchini und Tomatenviertel in Olivenöl andünsten, salzen und mit 1½ l Wasser bedecken. Die Kräuter hinzufügen und alles 20 Minuten garen.

Die Suppe im Mixer pürieren. Mit der gemahlenen Pfeffermischung und Fenchelsamen würzen.

Die Suppe abkühlen lassen und in den Kühlschrank stellen. Sie wird eisgekühlt serviert.

SCHWIERIGKEITSGRAD

Einfach

ZUBEREITUNGSDAUER

30 Minuten (zuzüglich 4 Stunden Kühlzeit)

ARBEITSGERÄTE

Kochtopf
Mixer

ZUTATEN

8 Tomaten
2 weiße Zwiebeln
4 Zucchini
4 EL Olivenöl
Salz
Je 3 Zweige Minze, Basilikum und Estragon
1 TL Pfeffer, weiß und schwarz gemischt
½ TL Fenchelsamen

GAZPACHO MIT AVOCADO

Gazpacho tropisch abgewandelt! Dazu schmeckt geröstetes Brot mit Guacamole. Nach der Suppe folgt ein großer Salat aus Tomaten, Basilikum und Mozzarella – mit Olivenöl angemacht.

Die Avocados halbieren und schälen, dabei den Kern entfernen. Das Fruchtfleisch fein würfeln.

Den Bleichsellerie putzen, waschen und fein hacken. Gurke schälen, die Samen mit einem Teelöffel herauskratzen und das Fruchtfleisch in Würfel schneiden. Die Paprikaschote putzen, waschen und ebenfalls fein würfeln.

Die Knoblauchzehen und die Zwiebeln abziehen und sehr fein hacken.

Das Gemüse in eine große Schüssel geben, mit Tomatensaft übergießen und mit Essig, Salz und etwas Tabasco würzen.

Im Kühlschrank ziehen lassen. Die Suppe wird sehr kalt mit Zitronenvierteln serviert.

SCHWIERIGKEITSGRAD

Einfach

ZUBEREITUNGSDAUER

30 Minuten (zuzüglich 4 Stunden Kühlzeit)

ARBEITSGERÄTE

Hackmesser

ZUTATEN

2 feste, aber reife Avocados
½ Bleichsellerie
1 Gurke
1 grüne Paprika
4 Knoblauchzehen
6 kleine weiße Zwiebeln
750 ml Tomatensaft
1 EL Rotweinessig
Salz
Tabasco
1 Zitrone

TOMATENGAZPACHO MIT BASILIKUM-BLÄTTERTEIGGEBÄCK

REZEPT: FÜR 4–5 PERSONEN

Diese spanische Suppe weckt Erinnerungen an lauschige Hinterhöfe und duftende Jasminsträucher – vitaminreich wie ein frisch gepresster Gemüsecocktail. Den Hunger stillen die unwiderstehlichen »Schweinsohren« aus Blätterteig mit Basilikumaroma.

●

Die Tomaten mit kochendem Wasser überbrühen, abschrecken, halbieren und entkernen. Das Fruchtfleisch würfeln.

Die Gurke schälen, der Länge nach halbieren, die Samen entfernen und das Fruchtfleisch in dünne Scheiben schneiden. Paprika putzen, waschen und in kleine Würfel schneiden. Knoblauchzehe und Zwiebel abziehen und ebenfalls fein würfeln.

Sämtliche Gemüse zusammen mit Olivenöl und einer Prise Salz in den Mixer geben und fein pürieren. Das Püree in eine Schüssel füllen und im Kühlschrank kalt stellen.

Für die Schweinsohren das Basilikum, den Knoblauch und etwas Olivenöl im Mixer zu einer dicken Paste verarbeiten.

Den Blätterteig zu einem Rechteck von 40 x 30 cm Seitenlänge (½ cm dick) ausrollen. Mit Basilikumpaste bestreichen, dann die beiden längeren Kanten jeweils bis zur Mitte einrollen. Das Ganze mit Öl bestreichen und 30 Minuten im Tiefkühlfach ruhen lassen.

Den Backofen auf 180 °C (Gas Stufe 2–3) vorheizen. Die Blätterteigrolle aus dem Tiefkühlfach nehmen und in etwa 1 cm dicke Scheiben schneiden. Die Scheiben auf ein mit Öl bestrichenes Backblech legen, mit grobem Salz bestreuen und rund 15 Minuten backen.

Das Gebäck kann lauwarm oder kalt serviert werden.

SCHWIERIGKEITSGRAD

Die Suppe ist einfach – und für das Gebäck können Sie küchenfertigen Blätterteig verwenden.

ZUBEREITUNGSDAUER

15 Minuten für das Gazpacho (zuzüglich 1 Stunde Kühlzeit), 1 Stunde für das Gebäck (inklusive Backzeit).

ARBEITSGERÄTE

Mixer · Backbrett · Nudelholz · Backblech · für das Gebäck ein Tiefkühlfach

ZUTATEN

4 große Tomaten
1 Gurke
1 rote Paprika
1 Knoblauchzehe
½ Zwiebel
100 ml Olivenöl extra
Salz

Für ungefähr 25 Schweinsohren:
1 Strauß Basilikum
4 Knoblauchzehen
Olivenöl
250 g Blätterteig (küchenfertig)
Grobes Meersalz

SUPPEN FÜR FESTLICHE ANLÄSSE

Suppen passen nicht nur zu einer lockeren, zwanglosen Einladung, sondern können – aus erlesenen und luxuriösen Zutaten bereitet – auch den kulinarischen Höhepunkt einer festlichen Tafelrunde bilden. Drei der nachfolgenden Rezepte sind (mit freundlicher Genehmigung) dem Repertoire berühmter Küchenchefs entlehnt. Es versteht sich von selbst, dass für so ein Festessen auch die Tafel angemessen dekoriert wird.

2

TRÜFFELCREMESUPPE

REZEPT: FÜR 4 PERSONEN

Ein kulinarisches Meisterwerk für ganz große Anlässe: eine flüssige, aromatisch duftende Creme unter einer knusprigen goldbraunen Hülle aus Blätterteig. Ideal für ein leichtes, aber stilvolles Festessen in kleiner Runde.

Die Milch mit ½ TL Salz erhitzen. Die Eigelbe mit etwas angewärmter Milch verquirlen und dann unter ständigem Rühren in die heiße Milch geben (die Creme darf nicht kochen). Wenn die Creme am Löffel haften bleibt, den Kochtopf vom Herd nehmen.

Vier dicke Scheiben von der Trüffel abschneiden, den Rest fein hacken. Crème fraîche und gehackte Trüffeln in die Eiercreme einarbeiten. Mit Salz und Pfeffer würzen und die Creme auf die Suppentassen verteilen. Jede Tasse mit einem Scheibchen Trüffel garnieren und etwas Trüffelfond darüber gießen.

Den Backofen auf 210 °C (Gas Stufe 4) vorheizen. Den Blätterteig sehr dünn ausrollen und vier Kreise ausstechen. Der Kreisdurchmesser richtet sich nach der Größe der Suppentassen: Der Teig muss ein Stück über den Rand hinausragen, wenn man ihn auf die Tasse legt. Die Ränder der Suppentassen anfeuchten, eine Teigplatte darüber legen und von außen rundherum andrücken, damit alles gut abgedichtet ist.

Jeden Teigdeckel mit verquirltem Ei bepinseln. Den Teig mit einer Messerspitze über Kreuz einritzen, aber nicht durchstechen!

Die vorbereiteten Tassen in den heißen Backofen stellen und das Ganze rund 15 Minuten überbacken, bis der Teig sich nach oben wölbt und eine goldbraune Farbe annimmt.

SCHWIERIGKEITSGRAD

Mittelschwer. Erfordert ein hohes Maß an Sorgfalt.

ZUBEREITUNGSDAUER

30 Minuten

ARBEITSGERÄTE

Kochtopf
Kochlöffel aus Holz
4 feuerfeste Suppentassen
Backbrett
Nudelholz
Backblech
Backpinsel

ZUTATEN

500 ml Milch
Salz
6 Eigelbe
1 Trüffel
1 EL Crème fraîche
Pfeffer
Trüffelfond (aus der Dose)
250 g Blätterteig (küchenfertig)
1 Ei

FELDSALATSUPPE MIT JAKOBSMUSCHELN

REZEPT: FÜR 4 PERSONEN

Wenn Sie Ihren Gästen erklären, dass Sie heute eine Suppe aus Feldsalat servieren, wird man Ihnen wohl erst einmal kaum mehr als höfliches Interesse bekunden. Verraten Sie nichts – der Überraschungseffekt ist dann umso größer!

●

Die Schalotten abziehen und fein hacken. Den gründlich gereinigten und geschleuderten Feldsalat grob hacken. Die Schalotten in der Butter andünsten, den Feldsalat hinzufügen und kurz mitgaren, dann 1 l Wasser angießen. 5 bis 6 Minuten garen lassen, im Mixer pürieren und wieder in den Kochtopf gießen. Mit der in etwas Wasser verrührten Kartoffelstärke binden und einmal aufkochen lassen. Beiseite stellen und warm halten.

Die Zutaten für den Corailflan vermengen. Die Masse in die Auflaufförmchen füllen, jeweils mit Alufolie abdecken, in ein Wasserbad stellen und 10 Minuten im vorgeheizten Ofen (180 °C, Gas Stufe 2–3) stocken lassen.

Unterdessen das rohe Jakobsmuschelfleisch in Scheiben schneiden. Die Trüffeln möglichst fein hacken.

Zum Servieren die heiße Suppe mit der Crème fraîche verrühren und auf vier tiefe Teller verteilen. Die bereits gestürzten Corailflans jeweils in die Mitte setzen und das Muschelfleisch darum herum anordnen.

Dazu passt geröstetes Bauernbrot. Mit Püree aus gehackten Trüffeln bestreichen und mit Olivenöl beträufeln.

SCHWIERIGKEITSGRAD

Mittelschwer

ZUBEREITUNGSDAUER

20 Minuten

ARBEITSGERÄTE

Kochtopf
Mixer
4 Auflaufförmchen
Alufolie
Tiefe Fettpfanne für das Wasserbad

ZUTATEN

2 Schalotten
300 g Feldsalat
Butter
1 EL Kartoffelstärke
4–8 Jakobsmuscheln
Crème fraîche nach Belieben

Für den Corailflan:
100 g Corail
1 Ei
50 g Crème fraîche

Für den Toast:
Bauernbrot
1 Glas Trüffeln
Olivenöl

COTRIADE IN ZARTER BLÄTTERTEIGHÜLLE

Hinter der »Cotriade« verbirgt sich ein Fisch-Kartoffel-Eintopf aus der Bretagne. Das so einfache wie köstliche Gericht trägt hier ein festliches Gewand aus einer knusperzarten Blätterteighülle. Die Cotriade wird in Suppentassen gefüllt und vor dem Servieren überbacken.

Kartoffeln und Möhren schälen und in Scheiben schneiden. Zwiebeln abziehen, Lauch putzen und waschen. Beides in schmale Ringe schneiden. Die Knoblauchzehen abziehen und fein hacken.

Die Butter zerlassen. Das Gemüse 1 bis 2 Minuten darin andünsten. Mit 2 l Wasser bedecken, salzen, pfeffern, Thymian, Lorbeerblatt und Bohnenkraut hinzufügen und alles 15 bis 20 Minuten köcheln lassen.

Das Gemüse, den Fisch sowie die gründlich gebürsteten und gewaschenen Muscheln in die Suppentassen verteilen. Dann mit Brühe auffüllen.

Den Blätterteig ausrollen und vier Kreise ausstechen; der Durchmesser muss so groß sein, dass nach dem Abdecken der Suppentassen noch ein Teigrand übersteht. Die Ränder der Tassen anfeuchten, den Teig auflegen und rundherum andrücken, damit alles abgedichtet ist. Den Teigdeckel mit verquirltem Ei bepinseln und mit der Messerklinge mehrmals über Kreuz einritzen, aber nicht durchstechen. Dann das Ganze im vorgeheizten Backofen bei 210 °C (Gas Stufe 4) ungefähr 15 Minuten backen. Wenn sich der Teig aufwölbt und eine goldbraune Farbe annimmt, die Tassen aus dem Ofen nehmen. Sofort servieren.

SCHWIERIGKEITSGRAD

Mittelschwer

ZUBEREITUNGSDAUER

1 Stunde

ARBEITSGERÄTE

Kochtopf · 4 feuerfeste Suppentassen · Backbrett · Nudelholz · Backblech · Backpinsel

ZUTATEN

800 g fest kochende Kartoffeln
2 Möhren
2 Zwiebeln
2 Stangen Lauch
2 Knoblauchzehen
Butter
Thymian, Lorbeerblatt, Bohnenkraut
4 Makrelenfilets
4 Scheiben Lotte (Seeteufel)
4 Rotbarbenfilets
4 kleine Seezungenfilets
400 g Miesmuscheln (Je nach Geschmack können auch andere Fische verwendet werden. Kaufen Sie jedoch nur Filets, damit man beim Essen nicht auf Gräten achten muss.)
250 g Blätterteig (küchenfertig)
1 Ei

GRÜNE CREMESUPPE MIT KAVIAR

REZEPT: FÜR 6 PERSONEN

Eine Kombination von mildem Salat und salzigem Kaviar – mit diesem kulinarischen Highlight werden Sie bei Ihren Gästen Eindruck machen. Das üppige Rezept ist für sechs Personen bemessen. Wenn Sie die Zutaten dritteln, erhalten Sie ein tolles Abendessen für ein lauschiges Tête-à-tête. Schließlich soll Kaviar eine aphrodisierende Wirkung haben. Und die Liebe geht ja bekanntlich durch den Magen!

●

Kopfsalate waschen und jeden Kopf halbieren. Die Salathälften 1 Minute lang in 2 l kochendem Wasser blanchieren. Abtropfen lassen und unter kaltem Wasser abschrecken.

Die Zwiebel abziehen, die Möhre schälen und beides fein hacken. Den Räucherspeck in kleine Würfel schneiden.

Butter zerlassen, gehackte Zwiebel und Möhre hineingeben, dann die Speckwürfel und das klein geschnittene Grün von 3 Salatköpfen zufügen (der vierte Salatkopf wird für die Garnitur aufbewahrt). Alle Zutaten zugedeckt bei schwacher Hitze 15 Minuten dünsten lassen, ohne dass sie Farbe annehmen. Mit Hühnerbrühe ablöschen, die Crème fraîche und das Bouquet garni hinzufügen. Ungefähr 1 Stunde bei schwacher Hitze garen und die Suppe anschließend im Mixer pürieren.

Die Cremesuppe noch sehr heiß auf die Teller verteilen. Je 1 Löffel Kaviar auf eines der restlichen Salatblätter geben und diese auf die Suppe setzen.

SCHWIERIGKEITSGRAD

Einfach

ZUBEREITUNGSDAUER

1 Stunde 20 Minuten

ARBEITSGERÄTE

2 Kochtöpfe
Mixer

ZUTATEN

4 Kopfsalate
1 Zwiebel
1 Möhre
100 g Räucherspeck
50 g Butter
800 ml Hühnerbrühe
250 g Crème fraîche
1 Bouquet garni
120 g Kaviar

FASANENCONSOMMÉ MIT KASTANIEN UND FLEISCHNOCKEN

REZEPT: FÜR 6–8 PERSONEN

*Ein festliches Herbstessen mit Fasan, Gemüse und Kastanien.
Den Fasan bestellen Sie beim Geflügel- oder Wildhändler vor,
denn heutzutage werden Jagdessen auch ohne Jäger veran-
staltet.*

●

Die beiden Brustfilets des Fasans auslösen (oder den Metzger
darum bitten) und beiseite stellen. Den Backofen bei starker Hitze
vorheizen und die Karkasse mit den Keulen und den Innereien
goldbraun braten. Den Bratensud mit Weißwein ablöschen.

Das Gemüse sehr fein schneiden. Aus Rindfleisch, den Fasanen-
filets, 3½ l Wasser und gelöschtem Bratensud eine Consommé zubereiten. Wenn die Flüssigkeit zu kochen beginnt, das Fett mit einem
Schaumlöffel abschöpfen. Gemüse, Bouquet garni sowie den fein
gehackten Knoblauch und die Zwiebel hineingeben und das Ganze
2 Stunden köcheln lassen. Das gare Fleisch herausnehmen, die Brühe
mit Salz und Pfeffer abschmecken und durch ein feines Sieb filtern.

Während die Suppe kocht: Jede Kastanie an der gewölbten
Oberfläche mit dem Messer leicht einritzen und im Backofen 8 bis
10 Minuten bei höchster Temperatur erhitzen, bis die Schale auf-
platzt. Die Kastanien abkühlen lassen, dann die äußere Schale entfernen und die Innenhaut sorgfältig abziehen.

250 ml der Consommé mit Kastanien und Sternanis in einen
Kochtopf geben. 40 Minuten zugedeckt garen, dann warm stellen.

Für die Nocken das helle Fasanenfleisch durch den Fleischwolf
drehen. Mit Ei, Salz und Pfeffer vermengen, Crème fraîche einarbeiten und alles gut verkneten. Kleine Nocken abstechen und diese
einige Minuten in kochendem Salzwasser pochieren.

Auf jeden Teller einige Kastanien geben. Brühe darüber gießen.
Nocken in die Brühe legen und mit Kerbelblättchen garnieren.

SCHWIERIGKEITSGRAD

Mittelschwer bis schwer

ZUBEREITUNGSDAUER

3 ½ Stunden

ARBEITSGERÄTE

Fettpfanne · 2 Kochtöpfe · Schaumlöffel · feines Sieb · Backblech ·
Fleischwolf (sehr feiner Einsatz)

ZUTATEN

1 großer Fasan

1 Glas Weißwein

300 g Möhren

300 g Lauch

300 g Bleichsellerie

300 g Tomaten

500 g Suppenfleisch vom Rind

1 Bouquet garni

2 Knoblauchzehen

1 Zwiebel, mit einer Gewürznelke
gespickt

Salz, Pfeffer

300 g Esskastanien

1 Sternanis

1 Ei

100 g Crème fraîche

Kerbel

GEFLÜGELCONSOMMÉ UND GÄNSELEBER-PROFITEROLES

REZEPT: **FÜR 6 PERSONEN**

Serviert man als Vorspeise einen Salat, eignet sich diese Suppe gut als festliches Abend- oder Mittagessen für besondere Anlässe. Es sieht zwar nicht so aus, aber das luxuriöse Gericht ist weder besonders kompliziert zuzubereiten noch zeitaufwändig. Und man kann die Suppe sogar schon am Vortag vorbereiten.

●

Für die Geflügelconsommé: Am Vorabend das Huhn und sämtliche Gemüse in 3 l Wasser geben, Salz und Pfefferkörner hinzufügen. 2 Stunden bei schwacher Hitze garen lassen. Dabei ab und zu die sich an der Oberfläche bildende Fettschicht abschöpfen. Wenn die Flüssigkeit um die Hälfte reduziert ist, den Kochtopf vom Herd nehmen.

Ist die Consommé abgekühlt, nochmals das Fett abschöpfen, das Fleisch und das Gemüse herausnehmen und die Flüssigkeit durch ein Spitzsieb filtern. Zum Klären ein aufgeschlagenes Eiweiß in die Brühe geben und das Ganze wieder langsam erwärmen. Das Eiweiß gerinnt und bindet alle Schwebeteilchen, die anschließend leicht entfernt werden können. Einen Moment abwarten und die Consommé nochmals durch das Sieb filtern.

Für die Profiteroles: 800 ml Wasser in einen Kochtopf gießen, die Butter in Flöckchen zugeben und das Salz hinzufügen. Aufkochen lassen, dann die Hitze reduzieren. Wenn die Butter ganz geschmolzen ist, den Topf von der Herdstelle nehmen und mit einem Holzlöffel Paprika und Mehl unter ständigem Rühren einarbeiten.

SCHWIERIGKEITSGRAD

Mittelschwer bis einfach – v. a. mit fertigen Profiteroles.

ZUBEREITUNGSDAUER

Etwa 4 Stunden (einschließlich Backzeit)

ARBEITSGERÄTE

2 Kochtöpfe
Spitzsieb
Kochlöffel aus Holz
Backblech
Backgitter
Spritzbeutel
Feines Küchensieb
Mixer

ZUTATEN

1 Suppenhuhn
1 Möhre
1 Steckrübe
1 Zwiebel
1 Stange Lauch
1 Bleichsellerie
Grobes Meersalz
Pfefferkörner
1 Eiweiß

Die Mischung wieder auf die Herdplatte stellen und so lange weiterrühren, bis sich der Teig vom Topfboden löst. Den Topf wieder vom Herd nehmen und 1 Ei gut einarbeiten. Das zweite Ei aufschlagen und mit einer Gabel verquirlen. Die Hälfte davon zum Teig geben und wiederum gut unterrühren.

Ein Backblech mit Butter bestreichen. Mit Hilfe eines Spritzbeutels oder eines Löffels den Teig in etwa 2 cm großen Häufchen auf das Blech setzen. Mit dem restlichen verquirlten Ei bepinseln. Im Backofen bei 200 °C (Gas Stufe 3–4) ungefähr 10 Minuten backen. Backofen ausschalten, Ofenklappe einen Spalt breit öffnen und die Profiteroles noch 5 Minuten abkühlen lassen. Herausnehmen und auf einem Backgitter völlig auskühlen lassen.

Für die Füllung: Die Gänseleberpastete mit einem Esslöffel behutsam durch ein feines Sieb streichen. Die cremige Masse mit dem Portwein mischen oder beides zusammen im Mixer verrühren. Mit Salz und Pfeffer abschmecken.

Die Gänselebercreme mit dem Spritzbeutel in die Profiteroles füllen. Oder die Profiteroles vorsichtig quer aufschneiden, ohne die beiden Hälften vollständig zu trennen, und anschließend von Hand füllen.

Zum Servieren die Consommé noch einmal aufkochen. 3 bis 4 Profiteroles auf jeden Suppenteller legen, mit Paprikawürfeln und Kerbelblättchen garnieren. Im letzten Moment die sehr heiße Brühe darüber gießen. Die restlichen Profiteroles auf einen Dessertteller legen und getrennt dazu reichen.

Sie können die Brühe auch in einer Terrine auftragen und alle Profiteroles auf einer Platte dazu servieren.

●

Die Variante für Eilige: Verwenden Sie einfach küchenfertige Hühnerbrühe und Profiteroles. Dann müssen Sie nur noch die Gänselebercreme zubereiten.

Für die Profiteroles:

30 g Butter

Salz

1½ TL Paprika

50 g Mehl

2 Eier

150 g Gänseleberpastete

1 Gläschen Portwein

Pfeffer

1 rote Paprika

1 Bund Kerbel

MEERESFRÜCHTE-SUPPEN NACH ART GROSSER MEISTERKÖCHE

REZEPTE: FÜR 4 PERSONEN

Die folgenden Rezepte mit Meeresfrüchten stammen aus dem Repertoire dreier Starköche und bilden den strahlenden Höhepunkt unseres festlichen Suppenreigens. Sie schmecken köstlich, sehen toll aus und lassen sich auch von Laien nachkochen. Fantasie ist eben wichtiger als professionelles Know-how.

AUSTERN IN TOMATENBOUILLON
von Olivier Roellinger, Küchenchef des 3-Sterne-Restaurants Bricourt in Cancale

Für die Gewürzmischung alle Gewürze außer der Paprika 1 bis 2 Stunden in einer Pfanne anrösten. Anschließend in einer Gewürzmühle (oder Kaffeemühle) mahlen und eventuell durch ein Sieb streichen. In einem luftdichten, verschließbaren Behälter aufbewahren.

Portulak putzen und waschen. Thymian- und Basilikumblättchen abzupfen. 2 große Basilikumzweige aufbewahren.

Für die Bouillon: Zitronenschale in Stückchen schneiden und zweimal blanchieren. 1 Stunde lang in etwas Zuckerwasser ziehen lassen. Herausnehmen und abtropfen lassen, sehr fein hacken und beiseite stellen.

3 Knoblauchzehen im Backofen in etwas Öl garen. Die Tomaten entstielen, die Haut über Kreuz einritzen und die Tomaten für 10 Sekunden in kochendes Wasser tauchen. Dann in kaltes Wasser legen, und die Haut abziehen, was nun mühelos geht. Das Fruchtfleisch quer halbieren und das Kerngehäuse mit einem Teelöffel herausschaben. Den Saft durch ein feines Sieb filtern und beiseite stellen. Galgant schälen und in sehr kleine Würfel schneiden.

SCHWIERIGKEITSGRAD
Einfach

ZUBEREITUNGSDAUER
Im Voraus zuzubereiten; vor dem Servieren geht es dann schnell.

ZUTATEN
Gewürzmischung: 1 EL Kardamom, 2 Sternanis, 2 Gewürznelken, 3 EL Muskatblüte, 1 EL getrocknete rote Paprikaschoten, 10 EL Koriander
50 g Portulak
Thymian
Basilikum
Schale von 2 Zitronen
1 EL Zucker
3 Knoblauchzehen
2 Zwiebeln
10 Tomaten

Zwiebeln schälen und fein hacken. Nacheinander Zwiebeln und Galgant behutsam in Butter andünsten. Den Rohrzucker und 2 EL Gewürzmischung hineingeben. Nach 10 Sekunden den Reisessig hinzufügen und alles zum Kochen bringen. Knoblauch, Zitronenschale (einige Stückchen für die Garnitur beiseite legen), das gewürfelte Mangofleisch, Tomaten, die beiden großen Basilikumzweige, eine Prise Salz und den aufbewahrten Tomatensaft zufügen. Das Ganze einmal kräftig aufkochen lassen, dann herunterschalten und 1 Stunde 15 Minuten köcheln lassen.

Knoblauch und Basilikum aus der Suppe fischen. Die Flüssigkeit durch ein feines Sieb filtern und in einem Kochtopf auffangen. Im Sieb bleibt eine Art Marmelade zurück.

Die Austern öffnen, das Fleisch auslösen und in der Austernflüssigkeit aufbewahren. Darauf achten, dass keine Schalensplitter am Fleisch haften.

Zum Servieren die Tomatenbouillon bis kurz vor dem Siedepunkt erhitzen. Die »Tomatenmarmelade« sowie die Austern in ihrer Flüssigkeit getrennt voneinander behutsam aufwärmen (65 °C).

Zum Anrichten auf jeden tiefen Teller einen Klecks »Tomatenmarmelade« geben, die Austern darauf anordnen, Thymian, Basilikum und Zitronenschale darüber streuen. Mit Bouillon auffüllen und mit einem Zweig Portulak garnieren.

Diese Suppe schmeckt auch gekühlt.

80 g Galgant (ersatzweise Ingwer)
50 g Butter
1 EL Rohrzucker
2 EL Reisessig
½ Mango
Salz
24 tiefe Austern
24 flache Austern

MINESTRONE MIT AUSTERN UND PISTOU

von Jean-Paul Hartmann, Restaurant L'Almandin, Île de la Lagune in Saint-Cyprien (ein Michelin-Stern)

Das Gemüse putzen und alles in kleine Würfel von 5 mm Kantenlänge schneiden.

Die Austern öffnen, das Fleisch herauslösen und in der Flüssigkeit aufbewahren.

Für die Pistou das Basilikum in etwas kochendem Wasser blanchieren, dann mit 6 EL Olivenöl, Salz, Pfeffer und abgezogenem Knoblauch im Mixer pürieren.

Das Gemüse mit dem restlichen Olivenöl in einen Kochtopf geben und andünsten; Salz und Pfeffer hinzufügen und mit Geflügelbrühe ablöschen. 2 Minuten kochen lassen, dann neben den Herd stellen. Austern und Pistou in die Brühe geben.

Zum Servieren jeweils etwas Gemüse auf einen tiefen Teller geben. Die Austern dekorativ darauf anrichten und reichlich Geflügelbrühe darüber schöpfen.

SCHWIERIGKEITSGRAD

Einfach

ZUBEREITUNGSDAUER

Etwa 45 Minuten

ARBEITSGERÄTE

Mixer
Kochtopf

ZUTATEN

60 g Möhren
60 g Steckrüben
60 g Erbsen
60 g grüne Bohnen
60 g dicke Bohnen
24 Austern
1 Bund frisches Basilikum
10 EL Olivenöl
Salz, Pfeffer
1 TL gehackter Knoblauch
600 ml Geflügelbrühe

MUSCHELSUPPE MIT SAFRAN

von Jean-Paul Hartmann, Restaurant L'Almandin, Île de la Lagune in Saint-Cyprien

Die abgezogenen, gehackten Schalotten und den Weißwein auf zwei Kochtöpfe verteilen. In den einen kommen die gut gebürsteten und gewaschenen Miesmuscheln, in den anderen die Venusmuscheln. Zugedeckt kochen lassen, bis sich die Muscheln öffnen. Das Muschelfleisch auslösen und aufbewahren.

Beide Sude durch ein Spitzsieb in einen Kochtopf gießen, etwas einkochen lassen. Crème fraîche und Safran hinzufügen und alles weiter köcheln lassen, bis eine flüssige Creme entsteht. Warm stellen.

Gemüse putzen, waschen und in Julienne-Streifen schneiden. In Olivenöl bissfest garen.

Das Gemüse und das ausgelöste Muschelfleisch in die Suppe geben und diese noch einmal kurz aufkochen. Die Suppe in eine Terrine füllen und servieren.

SCHWIERIGKEITSGRAD

Einfach

ZUBEREITUNGSDAUER

30 bis 40 Minuten

ARBEITSGERÄTE

2 Kochtöpfe
Spitzsieb
Pfanne

ZUTATEN

4 Schalotten
300 ml Weißwein
1 kg Miesmuscheln
1 kg Venusmuscheln
500 g Crème fraîche
1 Dose Safran
100 g Möhren, Lauch und Sellerieknoll
2 EL Olivenöl

GEEISTE KAISERGRANATENCONSOMMÉ

von Christian Tetedoie, Koch in Lyon, »Meilleur ouvrier de France« 1996, ein Michelin-Stern

Das Kaisergranatenfleisch auslösen und kühl stellen. Die Schalen im Mörser zerstoßen. In Olivenöl mit 1 Möhre, 1 Zwiebel und Tomatenpüree bräunen. Wenn sie Farbe angenommen haben, mit Cognac und Weißwein ablöschen. 2 l Wasser angießen und nacheinander Bouquet garni, Salz und 1 Tomate zugeben. 1 Stunde lang sanft garen lassen.

Die Eiweiße schlagen und zusammen mit der zweiten Tomate in die sehr heiße Bouillon geben. Dann zum Klären durch ein Sieb seihen, die Brühe abkühlen lassen und in den Kühlschrank stellen. Die Ingwerwurzel schälen, in kleine Stückchen schneiden und mit Zucker vermengen. So viel Wasser darüber gießen, dass alles gerade bedeckt ist. 30 Minuten garen. Die restliche Möhre, die restliche Zwiebel und die Steckrübe in winzige Würfel schneiden und alles in Olivenöl weich dünsten.

Die Kaisergranatenschwänze auf das Backblech legen, mit grobem Meersalz bestreuen und 3 Minuten im vorgeheizten Backofen (220 °C/Gas Stufe 4–5) garen.

Die zweite Tomate häuten, entkernen und in winzige Würfel schneiden.

Das Gemüse auf die Suppenteller verteilen, nach Belieben etwas Ingwer hinzufügen und mit der gut gekühlten Consommé auffüllen. Im letzten Moment die Kaisergranatenschwänze direkt aus dem Ofen in die Suppe legen und Kerbelblättchen darüber streuen.

SCHWIERIGKEITSGRAD

Einfach

ZUBEREITUNGSDAUER

Etwa 1 Stunde 45 Minuten

ARBEITSGERÄTE

Mörser mit Stößel
2 Kochtöpfe
Handrührgerät
Küchensieb
Pfanne
Backblech

ZUTATEN

1 kg Kaisergranaten
200 ml Olivenöl
2 Möhren
2 Zwiebeln
1 EL Tomatenpüree
100 ml Cognac
¼ l Weißwein
1 Bouquet garni
Salz
2 Tomaten
2 Eiweiß
1 frische Ingwerwurzel
50 g Zucker
1 Steckrübe
Grobes Meersalz

Und hier eine stilvolle Suppe, ein wirklich pfiffiges Blitzmenü:

FISCHSUPPE MIT AUSTERNSPIESS

Das Austernfleisch auslösen, die Flüssigkeit auffangen und die Austern darin 1 Minute vorsichtig pochieren. Abtropfen lassen, mit Küchenpapier trocken tupfen und nacheinander in Mehl, verquirltem Ei und Paniermehl wenden. Die Austern abwechselnd mit Schinkenspeck auf einen Schaschlikspieß stecken und in heißem Öl anbraten.

In der Zwischenzeit das Austernwasser abseihen, die Flüssigkeit in die Fischsuppe gießen und alles stark erhitzen. Die Suppe in eine Terrine geben und auftragen. Die Austernspieße getrennt dazu reichen.

SCHWIERIGKEITSGRAD

Einfach

ZUBEREITUNGSDAUER

Abhängig von der Anzahl der zu öffnenden Austern

ARBEITSGERÄTE

Kochtopf · Pfanne · pro Person 1 Schaschlikspieß

ZUTATEN (PRO PERSON)

6 Austern
Mehl
1 Ei
Paniermehl (sehr fein)
6 Scheiben Schinkenspeck
Zusätzlich küchenfertige Fischsuppe von guter Qualität (Konserve oder tiefgekühlt)

Variante:

KARTOFFEL-LAUCH-SUPPE MIT AUSTERN UND GEBRATENEM SPECK

Die Kartoffel-Lauch-Suppe im Mixer pürieren und mit Crème fraîche verrühren.

Die Austern auslösen, 1 Minute im Austernwasser pochieren und abtropfen lassen. Die Speckscheiben in einer beschichteten Pfanne in wenig Olivenöl schön knusprig braten.

Die Suppe auf Suppenteller geben. Austern und Speckstreifen darüber verteilen.

SCHWIERIGKEITSGRAD

Einfach

ZUBEREITUNGSDAUER

Abhängig von der Anzahl der zu öffnenden Austern

ARBEITSGERÄTE

Mixer · Kochtopf · Küchensieb · Pfanne

ZUTATEN (PRO PERSON)

1 Kartoffel-Lauch-Suppe (aus der Konserve oder selbst gemacht)
Crème fraîche
4 bis 6 Austern
4 bis 6 dünne Scheiben geräucherter Speck
Olivenöl

SUPPEN MIT ALKOHOL

Die folgenden Rezepte knüpfen an die alte ländliche Tradition an, die Suppe mit einem Schuss Rotwein, Weißwein, Bier oder Schnaps zu verfeinern. Die nahrhaften Köstlichkeiten wärmen den Körper von innen und sind daher vor allem an Wintertagen ein ideales Essen. Da alle Suppen aus diesem Kapitel Alkohol enthalten, sind sie nur etwas für Erwachsene, auch wenn sich der Alkohol beim Kochen verflüchtigt.

3

BIERSUPPE MIT WAFFELN

Diese vollmundige Suppe, in der Bier und Gewürze eine einzigartige Verbindung eingehen, stammt aus dem Flämischen. Da sie sehr sättigend ist, stillt sie auch großen Appetit. Besonders gut schmeckt die Suppe an kalten Winterabenden.

●

Zunächst wird der Waffelteig zubereitet: Die Butter bei schwacher Hitze zerlassen. Die lauwarme Butter mit den beiden Eiern und dem zusätzlichen Eigelb vermengen, Salz und Muskat hineingeben.

Mehl darüber sieben und gründlich in den Teig einarbeiten, dann nach und nach 800 ml Wasser zugeben und alles zu einer glatten, flüssigen Masse verrühren. Sollten sich Klümpchen bilden, den flüssigen Teig durch ein Spitzsieb streichen. Beiseite stellen.

Die Waffeln erst unmittelbar vor oder während der Zubereitung der Suppe backen.

Etwa 20 Minuten vor dem Servieren die Zuckerwürfel an der Zitronenschale reiben, bis sie sich gelb färben. Das Bier in einen großen Kochtopf schütten, Zucker, Gewürznelken und Zimt hinzufügen. Alles zum Kochen bringen. Die Maisstärke mit 6 TL kaltem Wasser verrühren und gut in das Bier einrühren. 3 Minuten kochen lassen.

Die Eier trennen. Die Eigelbe schaumig schlagen und in die Suppe geben.

Die Suppe salzen und pfeffern. Vorsichtig die Crème fraîche einarbeiten und alles glatt rühren. Die Suppe warm stellen.

Kurz vor dem Servieren die Eiweiße steif schlagen. Salzwasser bis zum Siedepunkt erhitzen.

SCHWIERIGKEITSGRAD

Mittel

ZUBEREITUNGSDAUER

1 Stunde

ARBEITSGERÄTE

Waffeleisen
Küchensieb
Spitzsieb
2 Kochtöpfe
Handrührgerät

ZUTATEN

4 Zuckerwürfel
1 Zitrone
1 l helles Bier
2 Gewürznelken
1 Zimtstange
4 TL Maisstärke
4 Eier
Salz, Pfeffer
200 g Crème fraîche

Für den Waffelteig:

30 g Butter
2 ganze Eier + 1 Eigelb
5 g Salz
5 g Muskat
125 g Mehl

Mit einem Löffel kleine Bälle vom Eischnee abstechen und sie behutsam in das siedende Wasser gleiten lassen. 3 bis 4 Minuten gar ziehen lassen.

Die Suppe in eine Terrine bzw. in große Suppentassen oder tiefe Teller füllen. Die Schneebälle darauf setzen. Die warmen Waffeln dazu reichen.

Sie können statt der Schneebälle auch in Bier pochierte Eier in die Suppe geben. Dazu Bier in einem Kochtopf zum Kochen bringen, nacheinander pro Person ein ganzes Ei auf einen Teller schlagen und es dann vorsichtig in das simmernde Bier gleiten lassen; 3 bis 4 Minuten ziehen lassen. Dann die Eier mit einem Schaum- löffel herausheben und kurz in einem Gefäß mit eisgekühltem Wasser abschrecken, um den Garvorgang zu stoppen.

RINDFLEISCHBOUILLON MIT SAUTERNES

Dieser üppige Eintopf aus Fleisch, Gemüse und Bouillon nach Art des altbekannten Pot-au-feu ist ideal für eine große Tafelrunde – gerade an kühlen Herbst- oder Winterabenden. Der Zeitaufwand ist zwar etwas höher als bei anderen Suppen, aber die Mühe lohnt sich!

Für die Bouillon das Suppenfleisch und die Rinderknochen in 5 Liter Wasser mit Salz, Gewürznelken und Bouquet garni zum Kochen bringen. 2 Stunden garen. Unterdessen das Gemüse putzen, waschen und schälen. Mit Küchengarn zusammenbinden.

Das Fleisch herausnehmen, die Brühe durch ein Spitzsieb in einen zweiten Topf seihen. Fleisch und Gemüse wieder dazugeben. Weitere 30 Minuten garen.

Das Rinderfilet mit Küchengarn zusammenbinden und in die Brühe geben. Weitere 20 Minuten garen. Hitze reduzieren und das Fleisch auf kleinster Temperatur noch 20 Minuten ziehen lassen.

Von der Bouillon einen großen Kochtopf abnehmen, die Markknochen hineinlegen und 5 Minuten ziehen lassen. Fleisch und Gemüse warm stellen.

SCHWIERIGKEITSGRAD

Einfach, erfordert aber etwas Geduld und viel Sorgfalt.

ZUBEREITUNGSDAUER

Insgesamt 3½ bis 4 Stunden

ARBEITSGERÄTE

Verschiedene Kochtöpfe
Küchengarn
Spitzsieb

ZUTATEN

500 g Suppenfleisch vom Rind
2 Rinderknochen
Salz
Gewürznelken
1 Bouquet garni
8 Möhren
5 Steckrüben
9 Stangen Lauch
2 Zwiebeln
1 Bleichsellerie
3 Fenchelknollen
1½ kg Rinderfilet
6 Markknochen
1 Msp. Curry
4 Gläser Sauternes

Die Knochen aus der Brühe nehmen und diese noch einmal durch ein Spitzsieb in einen Kochtopf filtern. Curry und Sauternes hinzufügen. Nochmals aufkochen.

Vor dem Servieren das Fleisch in Scheiben schneiden. Mit dem Gemüse und den Markknochen auf einer Platte anordnen und sofort auftragen. Die sehr heiße Brühe und geröstetes Landbrot dazu reichen.

Bleibt Fleisch übrig, können Sie es am nächsten Tag in der Pfanne braten, gefüllte Tomaten oder Kohlrouladen daraus bereiten. Oder Sie schneiden das Fleisch in Würfel und mischen es in einen Salat mit würziger Schalottenvinaigrette. Gibt es auch noch einen Rest Brühe, können Sie das Fleisch für eine Fleischschnecke verwenden (siehe unten stehendes Rezept). Diese ist auch ein preiswerter Ersatz für das Rinderfilet.

FLEISCHSCHNECKE

Probieren Sie diese Elsässer Spezialität, eine Kombination aus Fleisch, Gemüse und Teig. Diese Variante ist weniger kostspielig als das vorangehende Rezept, aber vielleicht noch nahrhafter.

Für den Nudelteig das Mehl mit den Eiern zu einem glatten Teig kneten. In Küchenfolie wickeln und 2 Stunden kühl stellen.

Fleisch, Gemüse, Petersilie und Zwiebel im Mixer pürieren. Salz und Pfeffer zufügen.

Den Teig zu einem Rechteck von etwa 2 mm Dicke ausrollen. Die Fleisch-Gemüse-Mischung darauf verteilen. Rundum einen Rand von 2 cm frei lassen.

Den Teig aufrollen, fest in ein Geschirrtuch wickeln und die Enden mit Küchengarn abbinden.

Die Brühe bis zum Siedepunkt in einem großen Topf erhitzen, die Roulade hineinlegen und 30 Minuten pochieren. Herausnehmen, abtropfen lassen und zum Abkühlen beiseite legen.

Kurz vor dem Servieren das Tuch entfernen und die Fleischschnecke in 2½ cm dicke Scheiben schneiden. Jede Scheibe in heißer Butter bei mittlerer Hitze von beiden Seiten je 1 Minute bräunen. Lauwarm oder kalt zur Brühe reichen, die nach Geschmack mit etwas Sauternes oder Rotwein aromatisiert wird.

MUSCHELSUPPE MIT ORANGEN UND WEISSWEIN

Diese Suppe mit ihrer kräftigen Farbe und ihrem raffinierten Aroma ist etwas für Liebhaber von Muschelgerichten und exotischen Gewürzen. Dazu passen ein paar Scheiben Landbrot, und wenn Sie noch Salat und Käse dazu reichen, wird ein vollständiges Menü daraus!

●

Die Schalotten schälen und klein hacken. Den Lauch putzen, waschen und in Julienne-Streifen schneiden.

Schalotten, Lauch, Wein und Fischfond in einen Kochtopf geben und alles zum Kochen bringen. Die Muscheln in den Topf schütten und bei geschlossenem Deckel so lange garen, bis sie sich geöffnet haben.

Das Muschelfleisch auslösen. Dabei noch geschlossene Exemplare aussortieren. Den Muschelsud durch ein Spitzsieb in einen zweiten Topf abseihen und um ein Drittel einkochen. Crème fraîche und Safran hinzufügen und nochmals um ein Drittel einkochen. Mit Salz und Pfeffer würzen.

Die Orange entsaften und die Schale abreiben.

Die in Würfelchen geschnittene Butter mit dem Schneebesen in die Suppe rühren. Die Orangenschale sowie die Hälfte des Saftes hinzufügen. Zum Schluss das Muschelfleisch zufügen und alles noch einmal erhitzen.

In vorgewärmten Suppentellern servieren.

SCHWIERIGKEITSGRAD

Einfach

ZUBEREITUNGSDAUER

30 Minuten

ARBEITSGERÄTE

2 Kochtöpfe
Spitzsieb
Schneebesen

ZUTATEN

2 Schalotten
2 Stangen Lauch (nur das Weiße)
600 ml Weißwein
100 ml Fischfond (aus dem Glas)
3 kg Miesmuscheln, gebürstet und gewaschen
150 g Crème fraîche
1 Msp. Safran
Salz, Pfeffer
1 Orange
150 g Butter

SUPPE NACH ART DES SAINT-RUPH

Eine kräftige Klostersuppe aus dem Bergland. Der Mönch Saint Ruph lebte dort als Eremit und gründete das nach ihm benannte Kloster. Der Käse, den die Mönche des Klosters herstellen, heißt Tamié. Dieses Rezept stammt von Bernard Gay vom Hotel du Gay Séjour in Faverges, Haute-Savoie. Sie schmeckt nach einer anstrengenden Skiabfahrt köstlich. Dazu passt geröstetes, noch warmes Brot.

Die Zwiebeln abziehen und in feine Scheiben schneiden. In der zerlassenen Butter bei schwacher Hitze ohne Deckel weich und goldgelb dünsten. Hühnerbrühe und Marc de Savoie angießen und bei niedriger Temperatur um die Hälfte einköcheln lassen.

Unterdessen die Speckscheiben in die kalte Pfanne legen, diese langsam erwärmen und den Speck knusprig rösten. Die Scheiben herausnehmen, auf Küchenpapier abtropfen lassen und hacken.

Den Käse grob reiben und mit der Speckmasse vermischen. Die Brühe im Mixer pürieren.

Die Eier trennen. Die Eigelbe mit der Crème fraîche verrühren und die Flüssigkeit damit binden. Erneut erhitzen, aber nicht kochen lassen. Die Suppe in die Tassen geben.

Das Eiweiß sehr steif schlagen und unter die Käse-Speck-Masse heben. Salzen und pfeffern. Mit zwei Esslöffeln jeweils einen Kloß abstechen und in die Suppentassen geben. Im vorgeheizten Backofen (180 °C/Gas Stufe 2–3) 5 Minuten backen. Dann kurz unter den Grill stellen. Auf diese Weise wird der Kloß gleichmäßig von oben und unten gar: Die Schaummasse muss aufgehen und an der Oberfläche goldgelb bräunen.

Suppe aus dem Backofen nehmen und sofort mit geröstetem Brot servieren.

SCHWIERIGKEITSGRAD

Mittel

ZUBEREITUNGSDAUER

1 Stunde

ARBEITSGERÄTE

Kochtopf
Pfanne
Käsereibe
Mixer
pro Person 1 feuerfeste Suppentasse
Handrührgerät

ZUTATEN

8 Zwiebeln
100 g Butter
1½ l Hühnerbrühe
1 Gläschen Marc de Savoie
100 g Räucherspeck, sehr dünn geschnitten
180 bis 200 g Tamié (ersatzweise Reblochon)
2 Eier
2 EL Crème fraîche
Salz, Pfeffer
Landbrot

MEERESFRÜCHTESUPPE MIT ROTWEIN

*Eine Suppe, wie man sie an der Küste Frankreichs isst:
Austern, Miesmuscheln und Herzmuscheln bilden eine har-
monische Einheit; ein Schuss Rotwein verleiht ihr Charakter.
Dazu passt gebuttertes Landbrot mit Meersalz. Die Suppe
wird in tiefen Tellern serviert.*

●

Die Austern öffnen, das Austernwasser durch ein Spitzsieb geben
und aufbewahren.

Mies- und Herzmuscheln getrennt voneinander ohne Deckel
in einem Kochtopf garen, bis sie sich öffnen. Den Muschelsud
abseihen und zum Austernwasser geben.

Das Muschelfleisch auslösen und warm stellen. Dabei noch
geschlossene Exemplare aussortieren.

Den Lauch in Julienne-Streifen schneiden.

Die Muschelsud-Austernwasser-Mischung zum Kochen
bringen. Ein Glas Rotwein hineingeben und die Flüssigkeit
etwas einkochen lassen. Nun die klein geschnittene Butter
mit dem Schneebesen einrühren. Mit Pfeffer würzen.

Die Teller vorwärmen. Auf jeden Teller eine kleine Menge
des restlichen Rotweins geben. Austern und Muscheln darüber
verteilen. Mit heißer Brühe auffüllen und mit Lauch-Julienne
garnieren.

SCHWIERIGKEITSGRAD

Einfach

ZUBEREITUNGSDAUER

45 Minuten

ARBEITSGERÄTE

Spitzsieb
verschiedene Kochtöpfe
Schneebesen

ZUTATEN

12 Austern (Handelsgewicht 3)
24 Miesmuscheln
24 Herzmuscheln
1 Stange Lauch (nur das Weiße)
1½ Gläser Rotwein
100 g Butter
Pfeffer

KÄSESUPPE MIT GERÖSTETEN BROTWÜRFELN

REZEPT: FÜR 6 PERSONEN

Reichen Sie zu dieser erfrischenden, vitaminreichen Suppe einige mit Auberginencreme bestrichene Scheiben Paprika- oder Kuchenbrot (Rezepte Seite 140 und 142). Zusammen mit Hähnchenfleisch in Aspik erhalten Sie ein bekömmliches Abendessen.

●

50 g Butter in einem Kochtopf zerlassen, Mehl darüber stäuben und mit dem Kochlöffel umrühren; mit Weißwein und Brühe ablöschen. 1 fein gehackte Knoblauchzehe, Pfeffer, Muskat und etwas Salz zufügen.

Unter ständigem Rühren zum Kochen bringen. Den geriebenen Käse mit einem Mal hineingeben. Sobald der Käse geschmolzen ist, den Topf vom Herd nehmen.

Die Eigelbe mit der Crème fraîche verrühren und in eine Suppenterrine geben. Die sehr heiße Brühe darüber gießen. Die Suppe mit gehackter Petersilie und Käsewürfeln bestreuen und sehr heiß servieren.

Brot mit Knoblauch einreiben, in Würfel schneiden und in der restlichen Butter goldgelb rösten. Für den großen Appetit können Sie nach der Suppe rohen Schinken und Salat servieren.

SCHWIERIGKEITSGRAD

Mittel

ZUBEREITUNGSDAUER

30 bis 45 Minuten

ARBEITSGERÄTE

Kochtopf
Kochlöffel aus Holz

ZUTATEN

70 g Butter
50 g Mehl
500 ml trockener Weißwein
1½ l klare Brühe
2 Knoblauchzehen
Pfeffer
Muskat
Salz
150 g geriebener Bergkäse, z. B. Beaufort
50 g Bergkäse, klein gewürfelt
2 Eigelb
50 g Crème fraîche
½ Bund Petersilie
Landbrot

GEMÜSESUPPEN

Unsere Großeltern kochten ihre Suppen noch aus dem Gemüse, das im eigenen Garten wuchs, oder aus Brennnesseln und Löwenzahn, die sie in der freien Natur sammelten. Auch die schlichten, unkomplizierten Rezepte, die wir Ihnen jetzt vorstellen, stehen in dieser Tradition. Es sind Suppen für den Familientisch, die im Handumdrehen fertig sind, ohne den Geldbeutel zu strapazieren. Nicht zuletzt sind vegetarische Suppen meist sehr gesund und besonders bekömmlich.

4

BROTSUPPE MIT GARTENKRÄUTERN NACH ALTER ART

Dies ist eine moderne Variante der guten alten Brotsuppe. Im Unterschied zum Rezept unserer Großmütter, das in erster Linie altbackenes Brot enthielt, wird diese ebenso wohlschmeckende wie nahrhafte Suppe mit reichlich grünem Gemüse zubereitet. Mit frischem Salat und einer Käseplatte serviert, wird ein komplettes Menü daraus.

●

Alle Gemüse putzen, waschen und fein hacken. Die Butter zerlassen und das Gemüse darin dünsten. Beiseite stellen.

Das Brot zerkrümeln und mit 2 l Wasser in einen großen Kochtopf geben. Bei schwacher Hitze 1 Stunde garen lassen.

Das Gemüse zusammen mit dem Brot im Mixer pürieren. Crème fraîche hinzufügen, salzen, pfeffern, wieder in den Topf geben und die Suppe in 10 Minuten bei schwacher Hitze fertig garen.

Eigelb mit Zitronensaft verrühren. Kurz vor dem Servieren unter ständigem Rühren in die Brotsuppe einarbeiten. Die Suppe mit gehacktem Schnittlauch und Kerbel garnieren.

SCHWIERIGKEITSGRAD

Einfach

ZUBEREITUNGSDAUER

1½ Stunden

ARBEITSGERÄTE

2 Kochtöpfe
Mixer

ZUTATEN

2 Stangen Lauch
4 große Mangoldblätter
200 g Sauerampfer
40 g Butter
250 g altbackenes Brot
250 g Crème fraîche
Salz, Pfeffer
1 Eigelb
Saft von ½ Zitrone
1 Hand voll Schnittlauch
1 Hand voll Kerbel

BRENNNESSELSUPPE MIT GEBACKENEN WEINBERGSCHNECKEN

REZEPT: FÜR 4 PERSONEN

Diese Suppe wird in den ersten Frühlingstagen aus den noch sehr jungen, zarten Brennnesselsprossen zubereitet. Das Wildkraut hat ein leicht säuerliches, würziges Aroma. Zum Servieren füllt man die Suppe in tiefe Teller, stellt diese auf Platzteller und legt ringsum die gebackenen Schnecken.

●

Die Zwiebeln abziehen und fein hacken. Die Butter zerlassen und die Zwiebeln darin dünsten. Die Brennnesseln in 1 l gesalzenem und gepfeffertem Wasser zum Kochen bringen, 7 Minuten köcheln lassen. Die Suppe im Mixer pürieren, beiseite stellen und erst kurz vor dem Servieren erneut aufwärmen.

Die Weinbergschnecken auf Küchenpapier abtropfen lassen und trocken tupfen. Jede Schnecke erst in einer Mischung aus fein gehacktem Knoblauch und Petersilie, dann in Mehl, schließlich in verquirltem Ei und zum Schluss in Paniermehl wenden. Den Vorgang einmal wiederholen.

Die Schnecken in sehr heißem Öl goldgelb ausbacken. Auf Küchenpapier abtropfen lassen und bis zum Servieren warm stellen.

Die Maisstärke mit Crème fraîche verrühren. Die Mischung in die Suppe geben, diese nochmals zum Kochen bringen und sehr heiß in eine Terrine füllen oder auf Suppenteller verteilen. Mit den heißen Schnecken servieren.

SCHWIERIGKEITSGRAD

Einfach

ZUBEREITUNGSDAUER

30 Minuten

ARBEITSGERÄTE

Kochtopf
Mixer
Pfanne

ZUTATEN

2 Zwiebeln
25 g Butter
400 g junge Brennnesselsprossen
Salz, Pfeffer
2 EL Maisstärke
Crème fraîche

Für die gebackenen Schnecken:
6, 9 oder 12 Weinbergschnecken pro Person
1 Knoblauchknolle
1 großes Bund Petersilie
Mehl
3 Eier
Paniermehl (sehr fein)
Öl

LÖWENZAHNSUPPE MIT RÜHREIBROT

REZEPT: FÜR 6 PERSONEN

Auch dieses Rezept ist schlicht und fein zugleich. Die Suppe ist ein typisches Frühlingsgericht, wenn die Tage noch kalt sind, die Sonne jedoch schon die ersten wärmenden Strahlen schickt. Denn die Löwenzahnblüten dürfen sich noch nicht voll geöffnet haben. Reichen Sie zu dieser Suppe frisches Landbrot – entweder vom Bäcker oder selbst gemacht (Rezepte Seite 138 ff.).

Löwenzahn mehrmals in mit Essig versetztem Wasser waschen, dann für einige Minuten in kochendes Wasser legen, herausnehmen, abtropfen lassen und klein hacken.

Öl in einen Topf geben, die beiden geschälten Knoblauchzehen darin anbräunen, den Löwenzahn hinzufügen, die Brühe darüber gießen und alles 1 Stunde kochen lassen.

Kurz vor dem Servieren die Eigelbe unter kräftigem Rühren in die sehr heiße Suppe einarbeiten; mit Salz und Pfeffer abschmecken.

Für den Brotaufstrich: Die Löwenzahnknospen 1 Minute lang in Salzwasser blanchieren. Abtropfen lassen. Etwas Butter in einer Pfanne zerlassen, die fein geschnittene Zwiebel darin andünsten und die Knospen hineingeben. Alles behutsam umrühren, von der Herdstelle nehmen und beiseite stellen.

Die nur leicht verquirlten Eier bei schwacher Hitze unter ständigem Rühren in einem Kochtopf garen. Sobald die Masse cremig wird, den Topf vom Herd nehmen. Die Rühreier mit Salz und Pfeffer würzen und die Löwenzahnknospen unterheben.

Das Rührei auf die gerösteten Brotscheiben verteilen und zur Suppe reichen.

Die Suppe lässt sich problemlos im Voraus zubereiten und bis zum Zeitpunkt des Servierens im Kühlschrank aufbewahren.

SCHWIERIGKEITSGRAD

Mittel

ZUBEREITUNGSDAUER

1½ Stunden

ARBEITSGERÄTE

Verschiedene Kochtöpfe
Pfanne
Schneebesen

ZUTATEN

36 Löwenzahnblätter
Essig
Öl
2 Knoblauchzehen
3 l Hühnerbrühe
6 Eigelb
Salz, Pfeffer

Für die Rühreibrote:
300 g Löwenzahnknospen
Butter
1 Zwiebel
8 Eier
6 große Scheiben frisches Landbrot

GRATINIERTE KÜRBISSUPPE MIT KÄSEKROKETTEN

REZEPT: FÜR 6 PERSONEN

Dieses Rezept ist ein Vorgeschmack auf den »goldenen Herbst«. Die leuchtend goldgelbe Suppe ist wegen der Käsekroketten eine sehr sättigende Mahlzeit. Servieren Sie sie in Suppentassen – wie auf dem Foto rechts – oder verwenden Sie die ausgehöhlte Kürbisschale als Suppenterrine.

Den Kürbis aufschneiden und den »Deckel« abheben. Das Fruchtfleisch herausschneiden. Die Samenstränge entfernen. Das Kürbisfleisch in grobe Stücke schneiden.

Den Lauch in dünne Ringe schneiden. Die Zwiebel abziehen und ebenfalls in Ringe schneiden. Knoblauch abziehen und fein hacken. Lauch, Zwiebel und Knoblauch in einem Kochtopf in etwas Butter andünsten, dann nacheinander Kürbisfleisch, Milch, Brühe, Muskat, Salz und Pfeffer hinzufügen. 30 Minuten köcheln lassen. Die Suppe im Mixer passieren und die Crème fraîche einrühren. In die Suppentassen oder den ausgehöhlten Kürbis füllen.

Die Brotwürfel in etwas Butter leicht anrösten und darüber streuen. Zum Schluss eine Schicht geriebenen Käse darüber geben und das Ganze im vorgeheizten Backofen (220 °C/Gas Stufe 4–5) 15 Minuten überbacken.

Währenddessen für die Käsekroketten den Bergkäse in Streifen schneiden (2 x 6 cm). Die Käsestreifen erst in Mehl, dann in verquirltem Ei und zum Schluss in Paniermehl wenden. Einige Minuten in heißem Öl (160 °C) goldgelb ausbacken. Zum Abtropfen auf Küchenpapier legen. Warm stellen.

Wenn Sie die Suppe in der Kürbisschale auftragen, reichen Sie die Kroketten separat auf einem Teller. Servieren Sie sie in Suppentassen, stellen Sie diese jeweils auf einen größeren Teller und ordnen die Kroketten auf dem Tellerrand an.

SCHWIERIGKEITSGRAD

Einfach

ZUBEREITUNGSDAUER

45 Minuten

ARBEITSGERÄTE

Kochtopf · Mixer · Pfanne · 6 feuerfeste Suppentassen oder den ausgehöhlten Kürbis · Frittiertopf

ZUTATEN

1 Gartenkürbis (3 bis 4 kg)
2 Stangen Lauch
1 Zwiebel
2 Knoblauchzehen
Butter
½ l Milch
½ l Hühnerbrühe
Eine Prise geriebene Muskatnuss
Salz, Pfeffer
200 g Crème fraîche
Brotwürfel
Geriebener Käse

Für die Käsekroketten:
300 g Bergkäse (z. B. Beaufort)
50 g Mehl
2 Eier
200 g helles Paniermehl
20 ml Sonnenblumenöl

GERMINY-SUPPE MIT MUSCHELN

Hinter der Bezeichnung »Germiny« verbirgt sich eine festliche Sauerampfersuppe. Der Suppenklassiker wird in diesem Rezept auf originelle Weise mit Muscheln verfeinert.

●

Die Muscheln abbürsten und gründlich waschen. Die Schalotten abziehen und fein hacken. In einen Kochtopf geben. Weißwein, Petersilienstängel, Salz, Pfeffer und Muscheln hinzufügen. 5 Minuten zugedeckt garen.

Die Butter in der Pfanne zerlassen. Den gut gewaschenen Sauerampfer hinzufügen, 5 Minuten garen und alles pürieren. In einen Kochtopf geben.

Das Muschelfleisch auslösen und aufbewahren. Den Muschelsud durch das Spitzsieb seihen und mit Wasser auf 1 Liter auffüllen. Die Flüssigkeit an das Sauerampferpüree geben, den Brühwürfel hinzufügen und alles 3 Minuten kochen lassen.

Die Eigelbe mit der Crème fraîche verquirlen und in die heiße, aber nicht kochende Suppe rühren. Muschelfleisch und Kerbelblättchen zufügen.

Die Suppe sehr heiß servieren.

SCHWIERIGKEITSGRAD

Einfach

ZUBEREITUNGSDAUER

30 Minuten

ARBEITSGERÄTE

2 Kochtöpfe
Pfanne
Spitzsieb

ZUTATEN

800 g Miesmuscheln
30 g Schalotten
300 ml Weißwein
3 Zweige Petersilie
Salz, Pfeffer
20 g Butter
125 g Sauerampfer
½ Brühwürfel (für ¼ l Brühe)
4 Eigelb
100 g Crème fraîche
Kerbel

CHICORÉESUPPE MIT LAUCHZWIEBELN

REZEPT: FÜR 4 PERSONEN

Eine Suppe für winterliche Tage, die trotz des Chicorées nicht bitter schmeckt. Mit gerösteten Brotwürfeln wird ein komplettes Abendessen daraus. Anschließend können Sie eine große Käseplatte reichen. Dazu passt hausgemachtes Brot mit Speck und milden Zwiebeln oder Kümmelbrot (Rezepte Seite 140 und 141).

●

Chicorée vorbereiten: Den harten Stielansatz abschneiden, die äußeren Blätter entfernen, das Innere abwaschen und in feine Ringe schneiden. Die Kartoffel schälen und in kleine Würfel schneiden.

Den geschnittenen Chicorée in etwas Butter dünsten, dann nacheinander die gewürfelte Kartoffel, die kochende Milch, Salz, Pfeffer und Muskat hinzufügen. Den Topfdeckel aufsetzen und alles 25 Minuten köcheln lassen. Anschließend im Mixer pürieren und beiseite stellen.

Die Lauchzwiebeln putzen, waschen und in feine Ringe schneiden. In etwas Butter 10 Minuten andünsten, ohne dass sie Farbe annehmen.

Die Suppe zurück auf die heiße Herdplatte stellen, die Zwiebelchen hineingeben und alles noch einmal 5 Minuten köcheln lassen.

Mit knusprig ausgebackenen, goldgelben Brotwürfeln servieren.

SCHWIERIGKEITSGRAD

Einfach

ZUBEREITUNGSDAUER

45 Minuten

ARBEITSGERÄTE

Kochtopf
Mixer
Pfanne

ZUTATEN

500 g Chicorée
1 große Kartoffel
Butter
750 ml Milch
Salz, Pfeffer
1 Msp. Muskat
4 Lauchzwiebeln

DEFTIGE SUPPEN

Mit mütterlicher Fürsorge und aus großen dampfenden Schüsseln serviert, aus denen sie kellenweise ausgeteilt wird, sorgen deftige Suppen seit eh und je für körperliches und seelisches Wohlbefinden. Aber es gibt nicht nur traditionelle Rezepte für deftige Bauernsuppen, sondern auch feinere Varianten. Doch egal, ob aus Gemüse, Fleisch, Fisch und Meeresfrüchten oder Eiern zubereitet, haben sie doch alle eines gemeinsam: Sie sind wahre Gaumenfreuden und machen müde Geister am Abend wieder munter.

5

ERBSENSUPPE MIT FRIKADELLEN

REZEPT: FÜR 5–6 PERSONEN

Zu dieser klassischen Erbsensuppe reicht man Frikadellen aus Schweineinnereien – eine Spezialität aus der Region Thonon in Savoyen. Dort serviert man die Suppe traditionell alljährlich am ersten Donnerstag im September.

Die Erbsen mehrmals in kaltem Wasser waschen.

Die Möhre schälen und in kleine Würfel schneiden. Den Bleichsellerie putzen, waschen und sehr fein schneiden. Die Zwiebel abziehen und hacken. Alles in etwas Butter andünsten.

Mit 1½ l Wasser ablöschen. Nacheinander die Erbsen, die Knoblauchzehen, das Bouquet garni und den Geflügelfond zugeben. Salzen und pfeffern. 1 Stunde bei schwacher Hitze sanft garen. Dann durch das Passiergerät drücken.

Vor dem Servieren die Suppe eventuell noch einmal kurz erhitzen und die Crème fraîche einrühren. Falls die Suppe zu dick ist, mit zusätzlicher Brühe strecken.

Für die Frikadellen die Innereien durch den Fleischwolf drehen. Mit Gewürzen, Ei, etwas Mehl, fein gehackter Zwiebel, Knoblauch und Schalotte sowie gehackter Petersilie und Kerbelblättchen vermengen. Senf und Branntwein einarbeiten.

Das Schweinenetz erst unter lauwarmem, dann unter kaltem Wasser abspülen. Abtropfen lassen, abtupfen und in etwa 10 x 10 cm große Quadrate schneiden.

Aus der Fleischmasse kleine Frikadellen formen. Jede davon in ein Stückchen Schweinenetz wickeln. Flach drücken und in der Pfanne bei schwacher Hitze rund 10 Minuten goldbraun braten.

Zu dieser Erbsensuppe reicht man frisches Brot und Senf.

SCHWIERIGKEITSGRAD

Einfach (Suppe) bis mittelschwer (Frikadellen)

ZUBEREITUNGSDAUER

1 Stunde für die Suppe,
45 Minuten für die Frikadellen

ARBEITSGERÄTE

Küchensieb · Kochtopf · Passiergerät (feiner Einsatz) · Fleischwolf · Schüssel · Pfanne

ZUTATEN

500 g Erbsen, 1 Möhre, 1 Bleichsellerie, 1 Zwiebel, Butter, 2 Knoblauchzehen, 1 Bouquet garni, 3 EL Geflügelfond (aus dem Glas), Salz, Pfeffer, 200 g Crème fraîche

Für die Frikadellen:
750 g gehackte Innereien vom Schwein (Herz, Nieren und Leber), Salz, Pfeffer, Muskat, 1 Msp. quatre-épices (Gewürzmischung), 1 Ei, Mehl, 1 Zwiebel, 1 Knoblauchzehe, 1 Schalotte, Petersilie, Kerbel, 1 EL Senf, 1 Schuss Branntwein oder Marc de Savoie, 1 großes Schweinenetz

Ein Festessen für Liebhaber:

GRÜNE LINSENCREMESUPPE MIT BRATWURST

Diese Spezialität stammt von einem wahrhaft großen Küchenchef: Christian Tetedoie, Restaurateur in Lyon. Er bereitet die Suppe mit Sabodet zu, einer Schweinekopfwurst aus dem Lyonnais. Stattdessen können Sie auch grobe Bratwürste verwenden.

Die Linsen gründlich waschen und 3 Stunden einweichen.

Nach gut 2 Stunden Einweichzeit 2 l Wasser zum Kochen bringen, die geputzte Möhre, die geschälte und mit Gewürznelken gespickte Zwiebel, das Bouquet garni und die abgezogenen Knoblauchzehen hineingeben. Weich kochen.

Linsen zufügen und alles weitere 20 Minuten köcheln lassen. Die Sahne und die Gewürze zugeben und die Suppe in 20 Minuten fertig garen. Möhre, Zwiebel, Bouquet garni und Knoblauch herausfischen und die Linsen mit der Flüssigkeit im Mixer pürieren. Mit Salz und Pfeffer abschmecken.

In der Zwischenzeit die Würste in der Pfanne schön knusprig braten. In Stücke schneiden.

Kurz vor dem Servieren die Linsensuppe schaumig schlagen. Die krossen Wurststücke obenauf verteilen, einen Klecks Crème fraîche in die Mitte geben und Kerbelblättchen darüber streuen.

SCHWIERIGKEITSGRAD

Einfach

ZUBEREITUNGSDAUER

50 Minuten (zuzüglich 3 Stunden Einweichzeit für die Linsen)

ARBEITSGERÄTE

Kochtopf · Mixer · Pfanne · Pürierstab

ZUTATEN

250 g Linsen
1 Möhre
2 Gewürznelken
1 Zwiebel
1 Bouquet garni
4 Knoblauchzehen
250 g Sahne
Salz, Pfeffer
4–8 grobe Bratwürste
2 EL Crème fraîche
Kerbel

HÜHNERSUPPE MIT FLEISCHBÄLLCHEN

REZEPT: FÜR 6 PERSONEN

Diese Suppe enthält reichlich Eiweiß und Gemüse und gibt daher ein eigenständiges, durchaus originelles, komplettes Gericht ab. Die Zubereitung ist etwas aufwändig, aber für eine große Runde mit gesundem Appetit lohnt sich die Mühe!

Das Kalbshirn in kaltes Wasser legen, das vorher mit 2 EL Essig versetzt wurde.

Das Suppenhuhn in einem Kochtopf mit etwa 4 l kaltem Wasser übergießen. Das Huhn muss vollständig bedeckt sein. Kalbsknochen, Bleichsellerie, Bouquet garni, die geschälte und mit Gewürznelke gespickte Zwiebel sowie die abgezogene und zerdrückte Knoblauchzehe ins Wasser geben und alles langsam zum Kochen bringen.

In der Zwischenzeit Lauch, Möhren, Mangold und Kohlrübe putzen und waschen. Den Lauch zusammenbinden und das restliche Gemüse klein schneiden.

Wenn die Brühe kocht, das Fett abschäumen, dann alles erneut zum Kochen bringen. Die Gemüse, das Salz, den Pfeffer und die Gewürzmischung zugeben. Das Huhn etwa 1 Stunde fertig garen.

Für die Fleischbällchen: Das Hirn aus dem Wasserbad nehmen und unter fließendem Wasser gründlich abspülen. Die Haut abziehen. Das Hirn in einen kleinen Kochtopf legen, Zitronensaft und Petersilie hinzufügen (von der Petersilie 3 Zweige beiseite legen). 15 Minuten bei schwacher Hitze pochieren, dann unter kaltem Wasser abspülen und nochmals abtropfen lassen.

SCHWIERIGKEITSGRAD

Mittelschwer

ZUBEREITUNGSDAUER

3 Stunden

ARBEITSGERÄTE

Mehrere Schüsseln · verschiedene Kochtöpfe · Küchengarn · Fleischwolf (feiner Einsatz)

ZUTATEN

1 Suppenhuhn, 1 Kalbsknochen, 2 Stangen Bleichsellerie, 1 Bouquet garni, 1 Gewürznelke, 1 Zwiebel, 1 Knoblauchzehe, 6 Stangen Lauch, 3 große Möhren, 3 Blätter Mangold, 1 kleine Kohlrübe, Salz, Pfeffer, 1 Msp. quatre-épices (Gewürzmischung), 1 Eigelb

Für die Fleischbällchen:
1 Kalbshirn, 2 EL Essig, Saft von ½ Zitrone, ½ Bund Petersilie, die gegarte Hühnerbrust des Suppenhuhns, 150 g Kalbsnuss, 1 Ei, 2 EL Mehl, 1 Tasse zerbröckeltes altbackenes Weißbrot ohne Rinde, 3 EL Milch

Die beiden Brustfilets vom gegarten Suppenhuhn auslösen. Das restliche Huhn wieder zum Gemüse in den Kochtopf geben und die Suppe bei sanfter Hitze weiterköcheln lassen.

Hirn, Kalbsnuss und Hühnerbrust durch den Fleischwolf drehen. Das gehackte Fleisch in einer Schüssel mit der restlichen fein gehackten Petersilie, Ei und Mehl vermengen. Das zerbröckelte Weißbrot in Milch einweichen, auspressen, über die Fleischmasse krümeln und alles zu einem geschmeidigen Teig verkneten. Bei Bedarf etwas Mehl hinzufügen.

Ungefähr 2 l Brühe abnehmen und in einem zweiten Kochtopf bis zum Siedepunkt erhitzen. Mit Hilfe zweier Löffel walnussgroße Bällchen von der Fleischmasse abstechen. Die Fleischbällchen 10 Minuten in der Brühe ziehen lassen, dann herausnehmen, abtropfen lassen und warm stellen.

Das Eigelb mit einer Kelle Brühe verrühren und in die Brühe geben. Die Suppe bei sehr schwacher Hitze unter ständigem Rühren weitergaren. Sie darf nicht mehr kochen.

Die Fleischbällchen in die Suppenschüssel legen und die sehr heiße Brühe darüber gießen. Das ausgelöste Hühnerfleisch und das Gemüse getrennt dazu reichen.

●

Variante der Hühnersuppe mit Fleischbällchen:

SUPPE MIT HEFEKLÖSSCHEN
(eine Spezialität von Belle-Île)

Die Hühnerbrühe wie oben beschrieben zubereiten.

Mehl in eine Schüssel sieben, eine Mulde in die Mitte drücken, die Eier hineingeben, Salz und Pfeffer zufügen und alles miteinander verkneten.

Die Hefe in 1 EL lauwarmem Wasser verrühren. In den Teig kneten und diesen anschließend 2 Stunden ruhen lassen.

Von der Hühnerbrühe einen Kochtopf voll abnehmen. Mit einem Löffel kleine Bällchen aus dem Hefeteig formen: In die Brühe geben und 20 Minuten gar ziehen lassen.

In einem kleinen Topf das Eigelb mit 1 Kelle Brühe verrühren. Unter ständigem Rühren bei niedriger Hitze aufwärmen, aber nicht kochen lassen. Zur Brühe geben.

Die Brühe mit dem ausgelösten Suppenhuhn, dem Gemüse und den Teigbällchen servieren.

ZUTATEN

(zusätzlich zur Hühnerbrühe):
500 g Mehl
6 Eier
Salz, Pfeffer
12 g Hefe
1 Eigelb

STEINPILZSUPPE

REZEPT: FÜR 4 PERSONEN

Für Pilzsammler ist der Herbst der Höhepunkt des Jahres. Denn dann dürfen sie sich, mit einem Korb bewaffnet, auf Pilzsuche in den Wald begeben. Falls Sie Steinpilze entdecken, können Sie den kostbaren Fund zu dieser köstlichen Suppe verarbeiten. Natürlich kann man die Pilze auch auf dem Markt kaufen. In Frankreich serviert man zu dieser Suppe geröstetes Brot, das mit einem Confit von Kutteln bestrichen wird. Stattdessen können Sie das Brot mit Gänse- oder Entenconfit reichen.

●

Die Steinpilze auf gar keinen Fall waschen, sondern nur mit einer Bürste gründlich von Erdresten befreien. Schwammige Röhren entfernen. Köpfe und Stiele in Scheiben schneiden

Schalotten abziehen und fein hacken. Die Butter im Kochtopf zerlassen. Schalotten darin 2 bis 3 Minuten andünsten. Pilze und Lorbeerblatt zugeben und zugedeckt 10 Minuten mitdünsten. Mit 750 ml Wasser aufgießen und alles noch etwa 10 Minuten köcheln lassen.

Lorbeerblatt herausfischen. Die Sahne in die Brühe rühren, dann alles im Mixer passieren. Mit Salz und Pfeffer würzen und warm stellen.

SCHWIERIGKEITSGRAD

Einfach

ZUBEREITUNGSDAUER

30 Minuten

ARBEITSGERÄTE

Kochtopf
Mixer

ZUTATEN

1 kg Steinpilze
2 Schalotten
50 g Butter
1 Lorbeerblatt
250 g Sahne
Salz, Pfeffer

OCHSENSCHWANZSUPPE MIT BULGUR

REZEPT: **FÜR 4 PERSONEN**

Dieses Gericht aus Fleisch, Gemüse und Getreide ist eine preis-werte, aber nahrhafte Suppe. Sie steht ganz in der Tradition der klassischen ländlichen Küche Frankreichs, zeigt jedoch den Einfluss der nordafrikanischen Küche. Eine Suppe für den Bärenhunger!

●

Die Ochsenschwanzstücke zusammenbinden. Mit dem Bouquet garni in einen mit kaltem Wasser gefüllten Kochtopf geben. Bei großer Hitze zum Kochen bringen, dann die Temperatur herunter-schalten und 1½ Stunden sanft köcheln lassen. Die Brühe während des Garvorgangs mehrmals abschäumen.

Steckrüben, Möhren, Bleichsellerie und Lauch putzen, waschen und in grobe Stücke schneiden. Die Tomaten schälen und in Viertel schneiden. Die äußere Hülle von der Knoblauchknolle entfernen. Die einzelnen Knoblauchzehen jedoch nicht voneinander trennen. Das Gemüse in die Brühe geben. Mit Salz, Pfeffer und Piment würzen. 45 Minuten bei schwacher Hitze köcheln lassen.

Den Bulgur in einem Küchensieb unter kaltem Wasser gründ-lich abspülen.

Das Fleisch und das Gemüse mit dem Schaumlöffel aus der Brühe heben und beiseite stellen. Die Brühe durch ein Spitzsieb filtern. Dann zurück in den Kochtopf geben und erneut zum Kochen bringen. Bulgur einstreuen und bei geschlossenem Deckel bei sehr niedriger Temperatur 20 Minuten garen lassen.

Fleisch und das Gemüse wieder hinzufügen. Die Suppe ein letztes Mal 5 Minuten erhitzen und anschließend sofort auftragen.

Man kann die Suppe wie einen Eintopf servieren oder die Brühe mit dem Bulgur in eine Suppenschüssel füllen und das Fleisch mit dem Gemüse getrennt dazu reichen.

SCHWIERIGKEITSGRAD

Einfach

ZUBEREITUNGSDAUER

Etwa 3 Stunden

ARBEITSGERÄTE

Küchengarn
Kochtopf
Küchensieb
Schaumlöffel
Spitzsieb

ZUTATEN

1 Ochsenschwanz, in Stücke geschnitten
1 Bouquet garni
2 Steckrüben
3 Möhren
1 Bleichsellerie
2 Stangen Lauch
2 Tomaten
1 frische Knoblauchknolle
Salz, Pfeffer
½ TL Piment
200 g Bulgur

KOHLSUPPE MIT KOHLROULADEN

REZEPT: FÜR 6 PERSONEN

Gefüllte Kohlblätter verwandeln die beliebte bäuerlich-rustikale Kohlsuppe in ein prächtiges Sonntagsessen! Der Aufwand ist nicht ganz unerheblich, denn es dauert seine Zeit, die Fleischfüllung in die Grünkohlblätter zu wickeln. Aber das Gericht lässt sich problemlos im Voraus zubereiten und muss nur kurz vor dem Servieren noch einmal aufgewärmt werden.

●

Den Grünkohl im Ganzen gründlich waschen. Die größten und schönsten Blätter abtrennen und beiseite legen. Das Kohlinnere in Streifen schneiden und 2 Minuten in kochendem Salzwasser blanchieren. Unter kaltem Wasser abspülen, mit Küchenpapier abtupfen.

Möhren und Kartoffeln schälen und klein schneiden. Den Lauch putzen, waschen und in Stücke schneiden.

1 Zwiebel, Schalotten und Knoblauch abziehen und fein hacken. In etwas Gänse- oder Entenfett anbräunen. 1½ l kochendes Wasser angießen, sämtliche Gemüse, das Bouquet garni, die zweite Zwiebel samt Gewürznelke, Salz und Pfeffer zufügen. 30 Minuten garen lassen.

In der Zwischenzeit die Kohlrouladen vorbereiten. Dazu die aufbewahrten Kohlblätter 4 Minuten in kochendem Salzwasser blanchieren. Das Wasser abgießen, den Kohl unter kaltem Wasser abspülen, dann mit einem Küchentuch gut trocken tupfen. Die Blätter auf ein Küchenbrett legen. Jedes Blatt der Länge nach halbieren. Dabei jeweils die zähe Rippe in der Mitte herausschneiden.

SCHWIERIGKEITSGRAD

Einfach bis mittelschwer

ZUBEREITUNGSDAUER

1 gute Stunde

ARBEITSGERÄTE

2 Kochtöpfe
Küchenbrett
Fleischwolf
Küchengarn

ZUTATEN

1 großer Grünkohl
500 g Möhren
500 g Kartoffeln
2 große Stangen Lauch (nur die weißen Teile)
2 Zwiebeln
2 Schalotten
2 Knoblauchzehen
Gänse- oder Entenfett (vom Confit)
1 Bouquet garni
1 Gewürznelke
Salz, Pfeffer

Für die Füllung Zwiebel, Schalotten und Knoblauch abziehen und fein hacken. Petersilie waschen, trocken tupfen und ebenfalls hacken. Alles in etwas Gänse- oder Entenfett andünsten.

Das Gänse- bzw. Entenfleisch durch den Fleischwolf drehen. Petersilie-Zwiebel-Knoblauch-Mischung dazugeben und alles gut verkneten. Salzen und pfeffern.

Auf jedes Kohlblatt 1 EL Fleischmasse geben. Die Ränder einschlagen und das gefüllte Blatt mit Küchengarn zu einem Päckchen binden.

Die Rouladen in die Suppe geben und bei geschlossenem Deckel und sehr schwacher Hitze 15 Minuten fertig garen. Kurz vor dem Servieren mit gehackter Petersilie bestreuen.

Dazu passt geröstetes Landbrot oder ein hausgemachtes Brot mit Speck und Zwiebeln (Rezepte Seite 138 und 140).

Für die Kohlrouladen:

1 kleine Zwiebel

2 Schalotten

2 Knoblauchzehen

1 kleiner Strauß glatte Petersilie

250 g Gänse- oder Entenconfit

Salz, Pfeffer

SAUERKRAUTSUPPE

*Diese Kohlsuppe nach Elsässer Art (eine Spezialität
von Belle-Île) war Albert Schweitzers Leibgericht.*

Das Sauerkraut in ein Küchensieb geben und unter fließendem
Wasser abspülen. Abtropfen lassen. Die Butter im Kochtopf
zerlassen, das Sauerkraut andünsten, dann die gewaschenen
und grob geriebenen Kartoffeln, die gehackte Zwiebel, die
in Würfel geschnittene Blutwurst, Wacholderbeeren und
Pfefferkörner hinzufügen.

Die Geflügelbrühe darüber gießen und alles ungefähr
1 Stunde 45 Minuten sanft köcheln lassen.

Probieren Sie dazu Brot mit Speck und milden Zwiebeln
oder Kümmelbrot, das vor dem Servieren im Ofen schön
knusprig aufgebacken wird (Rezepte Seite 140 und 141).

SCHWIERIGKEITSGRAD

Einfach

ZUBEREITUNGSDAUER

Höchstens 2 Stunden

ARBEITSGERÄTE

Küchensieb
Kartoffelreibe
Kochtopf

ZUTATEN

400 g rohes Sauerkraut
40 g Butter
2 große Kartoffeln
1 Zwiebel
4–8 Scheiben Blutwurst
8 Wacholderbeeren
8 Pfefferkörner
1½ l Geflügelbrühe

SUPPE MIT KREBSFLEISCH UND POCHIERTEN EIERN

REZEPT: FÜR 6 PERSONEN

Eine fantasievolle Spezialität von Belle-Île.

●

Lauch putzen, waschen und in feine Ringe schneiden. Tomaten häuten und entkernen. Das Fruchtfleisch klein würfeln. Knoblauch und Zwiebel abziehen und fein hacken.

Alles in etwas Öl anbräunen. 2 l Wasser angießen. Mit Thymian, Lorbeerblatt, Salz, Pfeffer und Safran würzen. 10 bis 15 Minuten im Schnellkochtopf garen. (In einem herkömmlichen Kochtopf beträgt die Garzeit 30 bis 40 Minuten.)

Währenddessen das Krebsfleisch gut abtropfen lassen, auf Schalenreste überprüfen und in kleine Stücke zerteilen. Krebsfleisch in die fertige Gemüsebrühe geben. Warm stellen.

Die Eier in kochendem Essigwasser pochieren. Währenddessen die Baguettescheiben im Toaster rösten.

Die safrangelbe Brühe zum Servieren in eine Terrine füllen. Die pochierten Eier auf die Baguettescheiben legen und auf vorgewärmten Tellern dazu reichen.

SCHWIERIGKEITSGRAD

Einfach

ZUBEREITUNGSDAUER

25 Minuten, wenn Sie einen Schnellkochtopf verwenden.

ARBEITSGERÄTE

Schnellkochtopf · Kochtopf · Toaster

ZUTATEN

8 Stangen Lauch (nur das Weiße)
2 Tomaten
1 Knoblauchzehe
1 Zwiebel
4–5 El Öl
Thymian
Lorbeerblatt
Salz, Pfeffer
1 Dose Safran
1 Dose Krebsfleisch im eigenen Saft
6 Eier
Essig
6 Scheiben Baguette

SUPPE NACH INDISCHER ART

REZEPT: FÜR 6 PERSONEN

Die exotische Überraschung für unerwartete Gäste!

●

Die Currycremesuppe nach Packungsanweisung erwärmen. Kurz vor dem Servieren die Crème fraîche unterrühren und mit Currypulver abschmecken.

In die Suppe, die sehr heiß aufgetragen wird, kommen kleine Ananaswürfel, geschälte, mit Zitrone beträufelte Apfelwürfelchen, geriebene Kokosnuss, geröstete Mandeln, Rosinen und gewürfelte Hühnerbrust.

SCHWIERIGKEITSGRAD
Einfach

ZUBEREITUNGSDAUER
15 Minuten

ARBEITSGERÄTE
Kochtopf

ZUTATEN
2 Dosen Currycremesuppe
(küchenfertig)
100 g Crème fraîche
Currypulver
½ Dose Ananas
2 große Speiseäpfel
(z. B. Golden Delicious)
1 Zitrone
100 g geriebene Kokosnuss
100 g abgezogene Mandeln
250 g Rosinen
300 g gegarte Hühnerbrust

SÜSSE SUPPEN

Was wäre ein Essen ohne das krönende Dessert –
und was wäre dieses Buch ohne die süßen
Varianten der Suppe? Die im Folgenden vorge-
stellten Rezepte sind ebenso köstlich wie einfach
in der Zubereitung. In den meisten Fällen bilden
Früchte die Grundlage der Suppe, aber auch
Schokolade ist dafür gut geeignet. Mit Kuchen,
Biskuits oder anderem Gebäck serviert, machen
süße Suppen richtig satt. Sie haben Lust auf eine
ungewöhnliche Einladung? Dann machen Sie
es wie in England oder Skandinavien und bitten
Sie Ihre Gäste nicht zum Abendessen, sondern
zu einem späteren Imbiss, und servieren ihnen
eine unserer süßen Suppen, die sich übrigens alle
prima vorbereiten lassen.

6

ÄPFEL IN ROTWEIN

REZEPT: FÜR 4 PERSONEN

Originell: Das Fruchtfleisch der Äpfel wird zu kleinen Kugeln ausgestochen; Wein, Zimt und Vanille ergeben eine aromatische Mischung. Tragen Sie die Suppe in gläsernen Dessertschalen auf. Dazu passt eine Tischdecke aus schimmerndem, transparentem Organza.

●

Den Wein mit Zucker, Zimt und der aufgeschlitzten Vanilleschote in den Kochtopf geben und bei starker Hitze 10 Minuten kochen.

Die Äpfel schälen. Mit Hilfe des Kugelausstechers kirschgroße Kugeln aus dem Fruchtfleisch herausschneiden.

Die Fruchtkugeln 5 bis 7 Minuten im simmernden Wein pochieren, bis sie gar sind. Sie sollten aber noch Biss haben.

Den Kochtopf vom Herd nehmen und die Suppe etwa 10 Stunden durchziehen lassen. Dabei hin und wieder umrühren, damit sich die Fruchtkugeln rundum tiefrot färben.

Servieren Sie die Suppe mit einer Kugel Vanilleeis, dann schmeckt sie noch köstlicher!

SCHWIERIGKEITSGRAD

Einfach

ZUBEREITUNGSDAUER

20 Minuten (aber gut 10 Stunden im Voraus)

ARBEITSGERÄTE

Kochtopf
Kugelausstecher

ZUTATEN

½ l Rotwein
250 g Zucker
1 Stange Zimt
1 Vanilleschote
1 kg Äpfel (festkochend, z. B. Maigold, Goldrenette)

PFIRSICH-JOHANNISBEER-KALTSCHALE

Diese Suppe aus frischen, vollreifen Pfirsichen ist nur etwas für die Sommerzeit. Sie passt hervorragend zu den Rotweinäpfeln der vorangegangenen Seite. Am schönsten wäre es, beide gleichzeitig zu servieren!

●

Aus ¼ l Wasser und Zucker einen Sirup zubereiten und abkühlen lassen.

Die Johannisbeeren waschen, verlesen und durch das Passiergerät drücken. Sirup und Zitronensaft darüber gießen.

Die Pfirsiche schälen, entsteinen und in Viertel schneiden. In der Servierschüssel dekorativ anordnen. Den Johannisbeersaft darüber geben, mit Minzeblättern verzieren und bis zum Servieren im Kühlschrank kalt stellen.

SCHWIERIGKEITSGRAD

Einfach

ZUBEREITUNGSDAUER

30 Minuten (zuzüglich 1 Stunde Kühlzeit)

ARBEITSGERÄTE

Kochtopf
Passiergerät (feiner Einsatz)

ZUTATEN

200 g Zucker
300 g Johannisbeeren
Saft von 1 Zitrone
6 große weiße Pfirsiche
Minze

RHABARBER-ERDBEER-SUPPE MIT FRISCHER MINZE

REZEPT: FÜR 4 PERSONEN

Rhabarber und Erdbeeren passen geschmacklich hervorragend zueinander. Nutzen Sie also die kurze, aber reichhaltige Rhabarbersaison! Grünes Geschirr sieht zu dieser Frühlingssuppe besonders hübsch aus.

●

Aus 2 l Wasser, Zucker, der aufgeschlitzten Vanilleschote, Zimt und Minze einen Sirup zubereiten (vorher einige Minzeblättchen für die Garnitur beiseite legen).

Den Rhabarber schälen und in etwa 2 cm große Würfel schneiden. Die Würfel in den kochenden Sirup geben, einmal aufkochen, dann den Topf von der Herdplatte nehmen. Der Rhabarber muss fest bleiben und darf nicht zerfallen. Alles in eine Schüssel umfüllen und abkühlen lassen. Die Minze herausfischen.

Erdbeeren putzen, waschen und vorsichtig trocken tupfen. In die Suppe geben und alles mit frischen, klein geschnittenen Minzeblättchen bestreuen.

SCHWIERIGKEITSGRAD

Einfach

ZUBEREITUNGSDAUER

30 Minuten

ARBEITSGERÄTE

Kochtopf

ZUTATEN

400 g Zucker
1 Vanilleschote
1 Stange Zimt
1 Bund Minze
1½ kg Rhabarber
400 g Erdbeeren

MANDELMILCH MIT ERDBEEREN

Hier ergänzen sich die Aromen von Mandeln und Erdbeeren auf ideale Weise. Die Suppe schmeckt Kindern sehr gut. Verwenden Sie dann jedoch statt Maraschino Himbeersirup.

Für die Mandelmilch alle Zutaten – außer den Erdbeeren – zum Kochen bringen. Nach 15 Minuten durch ein Spitzsieb streichen. Dabei alles gut mit dem Löffelrücken durchdrücken. Die Mandelmilch abkühlen lassen.

Erdbeeren putzen, waschen, vorsichtig trocken tupfen und in die Mandelmilch geben. Die Suppe in den Kühlschrank stellen und eiskalt servieren.

SCHWIERIGKEITSGRAD

Einfach

ZUBEREITUNGSDAUER

25 Minuten (zuzüglich mindestens 2 Stunden Kühlzeit)

ARBEITSGERÄTE

Kochtopf
Spitzsieb

ZUTATEN

400 ml Milch
50 g gemahlene Mandeln
1 Vanilleschote
100 g Zucker
4 EL Maraschino
500 g Erdbeeren

KIRSCHEN IN AROMATISIERTEM ROTWEIN

REZEPT:

Diese Suppe macht die Kirschensaison noch reizvoller. Tee und Lakritze verleihen ihr eine eigenwillige Note. Lassen Sie die Gäste ruhig raten, womit Sie die Suppe gewürzt haben! Servieren Sie die Suppe in gläsernem Geschirr. Dann kommt ihre tiefrote Farbe besonders gut zur Geltung.

●

Die Kirschen entsteinen. Den Wein mit Orangen- und Zitronenschale in einen Kochtopf geben, erhitzen und um die Hälfte einköcheln lassen. Zucker, Teebeutel, Portwein und Kirschen hineingeben und alles 5 Minuten kochen lassen.

Kirschen und Teebeutel herausnehmen. Pfeffer und Lakritzstangen hinzufügen. Die Speisestärke in 3 EL Wasser verrühren, in die Suppe rühren und diese nochmals 5 Minuten kochen lassen. Durch ein Spitzsieb in eine Servierschüssel gießen und abkühlen lassen.

Die Kirschen wieder in die Suppe geben und diese im Kühlschrank kalt stellen. Gut gekühlt servieren.

SCHWIERIGKEITSGRAD

Mittel

ZUBEREITUNGSDAUER

30 Minuten

ARBEITSGERÄTE

Kirschenentkerner
Kochtopf
Spitzsieb

ZUTATEN

2 kg Kirschen
300 ml Rotwein
Je 1 Stück Orangen-
und Zitronenschale
500 g Zucker
2 Beutel Schwarztee (Earl Grey)
½ l Portwein
20 g schwarze Pfefferkörner
80 g Lakritzestangen
1 EL Speisestärke

SCHOKOLADEN-CREMESUPPE MIT SCHNEEBÄLLEN

REZEPT: FÜR 6 PERSONEN

Dieses winterliche Dessert ist ein kulinarischer Höhepunkt für alle Schokoladenliebhaber. Servieren Sie die Suppe beispielsweise als Abschluss des weihnachtlichen Festmenüs.

●

Für die Schneebälle die Eier trennen. Das Eiweiß sehr steif schlagen; dabei nach und nach 300 g Zucker zugeben.

Ofenfeste Glasförmchen einbuttern und mit Eischnee füllen. Einige Minuten im vorgeheizten Ofen (200 °C/Gas Stufe 3–4) backen. Die Schneebälle sind fertig, wenn die Masse auf leichten Fingerdruck nicht am Finger kleben bleibt.

Für die Schokoladencreme die Milch mit der aufgeschlitzten Vanilleschote zum Kochen bringen. Die Schokolade in kleinen Stückchen zugeben und unter ständigem Rühren schmelzen lassen.

Die Eigelbe mit dem restlichen Zucker schaumig schlagen. In einen zweiten Kochtopf geben und die Schokoladenmilch einrühren; unter ständigem Umrühren eindicken lassen. Dann das lösliche Kaffeepulver einrühren.

Zum Servieren die Schokoladencreme in eine große Schüssel füllen. Die Schneebälle aus den Förmchen lösen und auf die Suppe setzen.

SCHWIERIGKEITSGRAD

Mittel

ZUBEREITUNGSDAUER

45 Minuten

ARBEITSGERÄTE

Handrührgerät
2 Schüsseln
pro Person 1 Förmchen
aus Jenaer Glas
2 Kochtöpfe

ZUTATEN

12 Eier
400 g Zucker
600 ml Milch
1 Vanilleschote
300 g bittere Schokolade
1 Mokkatasse lösliches Kaffeepulver

MINESTRONE AUS FRISCHEN FRÜCHTEN

REZEPT: FÜR 6 PERSONEN

Diese Suppe ist die fruchtigste, einfachste, appetitlichste ihrer Art: der ganze Sommer in einem Kompott!

●

Zunächst einen Sirup herstellen: 400 ml Wasser mit dem Zucker, der Limettenschale, dem ausgekratzten Vanillemark samt Schote sowie dem Basilikum (einige Blättchen vorher beiseite legen) zum Kochen bringen. Einmal kräftig sprudelnd aufkochen lassen, dann vom Herd nehmen und 30 Minuten ziehen lassen. Durch ein Sieb in eine große Schüssel abseihen. Den Aprikosennektar hinzufügen und das Ganze in den Kühlschrank stellen.

Alle Früchte schälen. Aprikosen, Pfirsich und Mango entsteinen. Mit einem Teelöffel die Kerne aus der Papaya kratzen. Erdbeeren waschen. Alle Früchte in kleine Würfel von etwa ½ cm Seitenlänge schneiden. In die Aprikosennektar-Sirup-Mischung geben. Mit einigen fein gehackten Basilikumblättchen garnieren.

Servieren Sie dieses Kompott schön kühl mit einer Kugel Zitronensorbet.

SCHWIERIGKEITSGRAD

Einfach

ZUBEREITUNGSDAUER

1 Stunde

ARBEITSGERÄTE

Kochtopf

ZUTATEN

70 g Zucker
1 Stück Limettenschale
1 Vanilleschote
6 Basilikumblätter
400 ml Aprikosennektar
1 Banane
1 Kiwi
3 Aprikosen
1 weißer Pfirsich
1 Mango
½ Papaya
8–10 Erdbeeren
(Diese Liste kann je nach Verfügbarkeit und Saison beliebig variiert werden; wichtig ist nur die Vielfalt.)

SCHOKOLADENSUPPE MIT ANANAS

REZEPT: FÜR 6 PERSONEN

Aus den Tropen gelangten sowohl die magische Kakao-bohne als auch die saftige Ananas zu uns. Probieren Sie die Kombination von beiden! Sie werden erstaunt sein, wie gut die Aromen zusammenpassen. Und auch optisch macht die Suppe einiges her.

●

Am Vorabend die Kuvertüre in Stückchen hacken und mit 400 ml heißer Milch begießen. Unter Rühren schmelzen lassen. Dann die restliche Milch kalt zufügen und das Ganze über Nacht in den Kühlschrank stellen.

Die Ananas schälen, die holzigen Augen und den Strunk herausschneiden. Das Fruchtfleisch in dünne Scheiben schneiden.

Aus ½ l Wasser, Zucker und Sternanis einen Sirup kochen. Den kochenden Sirup über die Ananasscheiben gießen. Eben-falls über Nacht in den Kühlschrank stellen.

Am nächsten Tag den Kuchen auf einem Küchenbrett in kleine Würfel schneiden. Jedes Stück mit Puderzucker bestäu-ben und unter dem Grill goldgelb karamellisieren.

Pro Person ein Kompottschälchen mit Schokoladensuppe füllen. Die Ananasscheiben gut abtropfen lassen und in die Suppe legen. In die Mitte einen warmen gerösteten Kuchen-würfel setzen.

SCHWIERIGKEITSGRAD

Einfach

ZUBEREITUNGSDAUER

30 Minuten (am Vorabend)

ARBEITSGERÄTE

2 Kochtöpfe
Küchenbrett

ZUTATEN

300 g Vollmilchkuvertüre
600 ml Milch
1 Ananas
150 g Zucker
2 Sternanis
1 gebrauchsfertiger Biskuitboden
oder einfacher Rührkuchen

EXOTISCHE FRUCHTSUPPE

REZEPT: FÜR 6–8 PERSONEN

Mit dieser Suppe geht auch im Winter die Sonne auf. Sie bringt Farbe in den trüben Alltag und entzündet ein exotisches Geschmacksfeuerwerk. Ein leichtes Dessert, das man auch nach einer schweren Mahlzeit noch gut bewältigen kann.

●

Für den Sirup 1 l Wasser mit Zucker, Gewürznelke, chinesischem Gewürz, Koriandersamen, aufgeschnittenen Vanilleschoten, Limetten- und Zitronenschale, Ingwer, Basilikum und 1 Stängel Minze zum Kochen bringen. Kurz kräftig sprudelnd köcheln lassen, dann den Topf von der Herdplatte nehmen.

Mango schälen und entsteinen. Das Fruchtfleisch in Würfel schneiden. Die Ananas schälen, die holzigen Augen und den Strunk herausschneiden. Das Fruchtfleisch ebenfalls würfeln. Kiwis schälen und in Scheiben schneiden.

Den abgekühlten Sirup durch ein Spitzsieb in eine Servierschüssel gießen. Die klein geschnittenen Früchte hinzufügen. Passionsfrüchte halbieren und die Kerne ebenfalls in den Sirup kratzen.

Die Suppe einige Stunden im Kühlschrank kalt stellen. Kurz vor dem Servieren die Blättchen vom zweiten Minzestängel zupfen, hacken und über die Früchte streuen.

SCHWIERIGKEITSGRAD

Einfach

ZUBEREITUNGSDAUER

30 Minuten (zuzüglich mehrere Stunden Kühlzeit)

ARBEITSGERÄTE

Kochtopf
Spitzsieb

ZUTATEN

150 g Zucker
1 Gewürznelke
½ TL chinesische Gewürzmischung
3 Koriandersamen
1½ Vanilleschoten
Schale von 2 Limetten
1 Stück Zitronenschale
1 TL gehackter frischer Ingwer
1½ Stängel Basilikum
2 Stängel frische Pfefferminze
1 Mango
1 Ananas
8 Kiwis
12 Passionsfrüchte

FEIGEN IN MUSCAT DE BEAUMES-DE-VENISE

Diese mit Alkohol angereicherte Suppe ist nur etwas für Erwachsene. Lassen Sie mit diesem Rezept einen anstrengenden Arbeitstag gemütlich ausklingen!

●

Den Wein mit Honig, Fenchelgrün und -samen in der Pfanne zum Kochen bringen.

Die Feigen waschen und trocken tupfen. Mit einer Nadel mehrmals rundherum einstechen. Die Früchte in den Wein legen und bei sanfter Hitze 20 Minuten garen.

Feigen aus der Flüssigkeit herausheben und abtropfen lassen. Den Wein um die Hälfte einkochen, die Pfanne vom Herd nehmen und die Feigen wieder hineingeben.

Die Suppe abkühlen lassen, dann in einer Schüssel in den Kühlschrank stellen und mindestens eine Nacht ziehen lassen.

SCHWIERIGKEITSGRAD

Einfach

ZUBEREITUNGSDAUER

1 Stunde (am Vorabend)

ARBEITSGERÄTE

Pfanne
Schaumlöffel

ZUTATEN

1 Flasche Muscat de Beaumes-de-Venise (Süßwein)
200 g Honig
10 g frisches Fenchelgrün
10 g Fenchelsamen
1 kg frische Feigen

BROT UND AROMATISIERTE ÖLE

Vergessen Sie nicht das Brot zur Suppe! Man

tunkt es hinein oder serviert es mit einem

köstlichen Aufstrich beinahe wie eine Beilage.

Ein aromatisiertes Öl wiederum verleiht der

Suppe den letzten Pfiff. Im folgenden Kapitel

verrät Léni Chevasson, die liebenswürdige

Besitzerin des Hotel-Restaurants *Le Tilleul* in

Générargues (Cevennen), einige ihrer Brot-

rezepte. Und Michel Bras, der Küchenchef von

Laguiole, weiht Sie in das Geheimnis seiner

aromatisierten Öle ein.

7

VERSCHIEDENE BROTE

REZEPTE: FÜR 1 KILO

Frisch gebackenes Brot, warmer Toast oder pikantes Gebäck passen ideal zu den Suppen aus diesem Buch. Léni Chevasson serviert ihren Gästen nur hausgemachtes Brot, das sie selbst gebacken hat. Das Resultat ist sensationell. Die hier ausgewählten Rezepte können jede Suppenparty nur bereichern.

LANDBROT

Das Mehl mit dem Salz in eine kleine Backschüssel geben. Die Hefe in 750 ml lauwarmem Wasser (etwa 38 °C) auflösen und dazugießen. Alles gut mit dem Kochlöffel oder den Händen vermengen, bis sich das Mehl mit der Flüssigkeit verbunden hat.

Den Teig in die große Schüssel geben und das Küchentuch darüber legen. 1½ bis 2 Stunden gehen lassen, bis der Teig das doppelte oder dreifache Volumen hat.

Das Backbrett mit reichlich Mehl bestäuben. Den Teig darauf geben und ebenfalls gut mit Mehl bestäuben. Mit den Händen kräftig durchkneten und dann in die gewünschte Form bringen.

Den Teig mit einem angefeuchteten und gut ausgewrungenen Mulltuch bedecken und nochmals 20 bis 30 Minuten gehen lassen.

In der Zwischenzeit den Backofen auf 200 °C (Gas Stufe 3–4) vorheizen. Das Backblech mit Backpapier auslegen, den Brotlaib darauf legen und für etwa 60 Minuten in den heißen Ofen schieben.

Das Brot ist fertig, wenn es eine goldbraune Kruste hat. Um zu überprüfen, ob es richtig durchgebacken ist, stechen Sie mit einem spitzen Messer hinein: Die Klinge muss ganz trocken sein, wenn Sie sie wieder herausziehen.

SCHWIERIGKEITSGRAD

Mittelschwer

ZUBEREITUNGSDAUER

Etwa 3 Stunden
(inklusive Ruhezeit für den Teig)

ARBEITSGERÄTE

Große und kleine Backschüssel · Kochlöffel aus Holz · sauberes Küchentuch · Backbrett · großes Stück Küchenmull · Backblech · Backpapier

ZUTATEN

1 kg Mehl Type 550 (eventuell mit Vollkornmehl gemischt)
8–10 g Salz
40 g Hefe
(oder 1 Päckchen Trockenhefe)

Auf der Basis des Landbrotes lassen sich die köstlichsten Brotvarianten herstellen.

●

BROT MIT ROTER PAPRIKA

Dieses Brot passt zu allen kalten Suppen wie geeiste Gurkensuppe (Rezept Seite 32) und Avocadogazpacho (Rezept Seite 40) oder zu Minestrone (Rezept Seite 61).

Die Paprikaschoten unter dem Grill von jeder Seite 15 Minuten rösten. In ein feuchtes Handtuch wickeln oder in eine Plastikbox legen und diese verschließen. So lässt sich später die Haut besser abziehen.

Nachdem der Teig ein letztes Mal gründlich durchgeknetet wurde, die Paprikaschoten häuten, entkernen und in dünne Streifen schneiden. In den Teig einarbeiten. Das Brot formen und in den Ofen schieben.

ZUTATEN

Zutaten für ein Landbrot, zusätzlich 3 rote Paprika, 2 EL Oliven- oder Walnussöl, eventuell etwas Oregano oder Bohnenkraut

●

BROT MIT SPECK UND MILDEN ZWIEBELN

Dieses Brot schmeckt zu kräftigen Gemüsesuppen und anderen rustikalen Rezepten.

Während der Teig ruht, werden die Zwiebeln abgezogen und in feine Scheiben geschnitten. In etwas Öl oder Butter anbräunen. Die Speckwürfel einige Minuten in kochendem Wasser blanchieren. Beides in den Brotteig einarbeiten, dann den Teig in die gewünschte Form bringen.

ZUTATEN

Zutaten für ein Landbrot, zusätzlich 1 Bund milde Frühlingszwiebeln, Öl oder Butter, 200 g gewürfelter Räucherspeck

BROT MIT PAPRIKA UND KÜMMEL

Dieses Brot schmeckt gut zu heißem und kaltem Borschtsch, zu Rote-Bete-Suppe (Rezept Seite 36) und zu Spargelcreme. Köstlich mit pikant gewürztem Kräuterquark.

Den Teig in Brotform bringen und vor dem Backen mit Kümmel und Paprika bestreuen.

ZUTATEN

Zutaten für ein Landbrot, zusätzlich 1 gehäufter EL Kümmel und 2 EL Paprikapulver

●

BROT MIT MOHN

Der fein würzige Geschmack passt ideal zu Rührei (z. B. zur Löwenzahnsuppe, Seite 88) und exotisch angehauchten Suppen.

Das Brot vor dem Backen mit Mohn bestreuen und leicht mit Mehl bestäuben.

ZUTATEN

Zutaten für ein Landbrot, zusätzlich 50 g Mohn

●

OLIVENBROT

Das ideale Brot zu allen mediterran inspirierten Suppenrezepten, aber auch zu gemischtem Salat.

ZUTATEN

Zutaten für ein Landbrot, zusätzlich 250 g schwarze entsteinte Oliven

ZUR ABWECHSLUNG – KUCHEN STATT BROT

KUCHEN MIT GRÜNEN OLIVEN

Dieser salzige Kuchen schmeckt hervorragend zu Suppen, Terrinen oder pur zum Aperitif.

Mehl, Eier, Öl, Weißwein und Trockenhefe in einer Schüssel vermengen. Speck, Käse und Oliven untermischen. Die Kuchenform leicht einölen. Den Teig hineinfüllen und im vorgeheizten Backofen bei 200 °C (Gas Stufe 3–4) etwa 30 Minuten backen.

Um zu überprüfen, ob der Kuchen fertig ist, mit einem spitzen Messer hineinstechen: Die Klinge muss ganz trocken sein, wenn man sie wieder herauszieht.

●

KUCHENBROT

Kuchenbrot wird wie ein Kuchen ohne Zucker gebacken. Man kann es mit herzhaften Aufstrichen wie Tarama oder Auberginencreme genießen oder in süßes Fruchtkompott tunken.

Das Mehl in eine Schüssel sieben. Salz, Pfeffer sowie zerlassene Butter zugeben und alles gut vermengen. Die Eier trennen und ein Eigelb nach dem anderen in den Teig einarbeiten. Eiweiß sehr steif schlagen und mit den Safranfäden vorsichtig unterheben.

Die Kastenform buttern. Den Teig einfüllen und den Kuchen im vorgeheizten Backofen bei 200 °C (Gas Stufe 3–4) etwa 30 Minuten backen.

SCHWIERIGKEITSGRAD

Einfach

ZUBEREITUNGSDAUER

1 Stunde

ARBEITSGERÄTE

Backschüssel · Kastenform

ZUTATEN

250 g Mehl, 4 Eier, 100 ml Olivenöl, 100 ml trockener Weißwein, ½ Päckchen Trockenhefe, 150 g Räucherspeck, in kleine Würfel geschnitten, 50 g geriebener Käse, 125 g grüne entsteinte Oliven

---

SCHWIERIGKEITSGRAD

Einfach

ZUBEREITUNGSDAUER

1 Stunde

ARBEITSGERÄTE

Backschüssel · Handrührgerät · Kastenform

ZUTATEN

250 g Mehl, 2 Msp. Salz, frisch gemahlener Pfeffer (2 Umdrehungen), 250 g zerlassene Butter, 4 große Eier (oder 5 mittelgroße), 1 Dose Safranfäden

BLINI

Dieses Rezept verdanken wir Katia Guttmann, die früher ein wunderschönes kleines Restaurant namens »Duna« in der Rue du Faubourg Poissonnière in Paris hatte. Dort servierte sie Balkanspezialitäten. Ihre Blini schmecken – mit Tarama, Lachskaviar oder geräuchertem Lachs – köstlich zu Suppen aus Fisch oder Meeresfrüchten.

●

Die Eier trennen. Hefe in etwas lauwarmer Milch oder lauwarmen Wasser verrühren. Mehl in eine Schüssel sieben. Eine Mulde hineindrücken. Hefemilch, Eigelb, Öl, Puderzucker, Salz und Pfeffer in die Vertiefung geben und alles zu einem glatten Teig verrühren. Dabei nach und nach die restliche Milch zugeben. Darauf achten, dass der Teig nicht zu flüssig wird. Mindestens 1 Stunde gehen lassen.

Das Eiweiß sehr steif schlagen und vorsichtig unter den Teig heben. Nochmals mindestens 15 Minuten ruhen lassen.

In einer beschichteten Pfanne Butter und Öl erhitzen. Nacheinander jeweils drei bis vier kleine dicke Pfannkuchen darin backen.

SCHWIERIGKEITSGRAD

Mittelschwer

ZUBEREITUNGSDAUER

15 Minuten für den Teig (zuzüglich 1½ Stunden Ruhezeit). Die Blini können gut im Voraus zubereitet werden. Vor dem Servieren werden sie ein wenig gebuttert und auf einem mit Backpapier ausgelegten Backblech bei niedriger Temperatur (100 °C) aufgewärmt.

ARBEITSGERÄTE

Backschüssel · Küchensieb · Handrührgerät · Pfanne

ZUTATEN

4 Eier
25 g Hefe
1 l Milch
750 g Mehl
2–3 EL Öl
2 EL Puderzucker
Salz, Pfeffer
Butter
Sonnenblumen- oder Traubenkernöl

ÖL MIT ROCOU

Will man Hobbyköchen eine Freude machen, schenkt man ihnen ein aromatisches Öl »nach Art des Hauses«. Mit wenigen Tropfen verleiht man damit einer Suppe ihre unverwechselbare Note. Natürlich können Sie das Öl auch für den eigenen Gebrauch herstellen.

●

Rocou hat eine kräftige rotbraune Farbe. Eine unserer Freundinnen bereitet ein Öl von wunderschöner Farbe und mit pikanter Note daraus, mit dem sie Fleisch vor dem Braten oder Grillen mariniert, Gemüsegerichte aufpeppt und Salatsaucen würzt.

Die Herstellung ist kinderleicht, der Aufwand minimal: Geben Sie eine Messerspitze Rocou auf eine Flasche gutes Sonnenblumenöl. Kräftig schütteln und die Mischung gut verschlossen an einem dunklen Ort aufbewahren. Die verbrauchte Ration immer sofort mit der entsprechenden Menge Öl und etwas Rocou auffüllen, damit dieses raffinierte Würzöl nie ausgeht.

SCHWIERIGKEITSGRAD
Einfach

ZUBEREITUNGSDAUER
Im Handumdrehen

ZUTATEN
Rocou (auch Annatto, Achote, Bixin oder Orlean genannt)
Sonnenblumenöl

DIE »PERLEN DES WOHLGESCHMACKS« VON MICHEL BRAS

REZEPTE: FÜR JEWEILS ¼ LITER ÖL

Michel Bras, der berühmte Küchenchef von Laguiole (Aubrac), dem der Michelin drei Sterne verliehen hat, reicht zu seinen originellen Gemüsetellern die köstlichsten aromatisierten Öle, die er ebenfalls selbst zubereitet. Mit seiner freundlichen Genehmigung dürfen wir Ihnen hier die Geheimnisse seiner Kunst enthüllen. Achten Sie darauf, dass das Aroma mit dem Rezept harmoniert.

●

PETERSILIENÖL

Die Petersilie verlesen und waschen; die zähen Stängel aussortieren und für eine Brühe, eine Court-Bouillon oder eine Suppe verwenden. Die Petersilie mit dem Öl und einer Messerspitze Salz erst mit dem Pürierstab zerkleinern, dann durch ein feines Küchensieb streichen. Das Öl etwa 4 Stunden ziehen lassen, dann in kleine Flaschen füllen.

Nach diesem Verfahren lassen sich auch andere aromatisierte Öle herstellen, z. B. Schnittlauchöl. Auf 80 ml Öl kommen 50 g Schnittlauch, Lauchzwiebel oder Eppich, eine alte Gemüsepflanze mit dezenter Sellerienote, die heute wieder zu neuen Ehren kommt.

Michel Bras reicht das Petersilienöl am liebsten zu »Gargouillou«, einer vegetarischen Delikatesse. Das Schnittlauchöl dient zum Würzen eines lauwarm servierten Lachsfilets.

●

FELDTHYMIANÖL

Die Thymianblüten säubern. In eine Flasche Olivenöl geben und sie mehrere Tage an einem sonnigen Platz stehen lassen. Michel Bras verwendet dieses Öl für seinen Hummer mit Feldthymian – umwerfend!

SCHWIERIGKEITSGRAD

Einfach

ZUBEREITUNGSDAUER

20 Minuten (zuzüglich 4 Stunden Ruhezeit)

ARBEITSGERÄTE

Pürierstab
feines Küchensieb

ZUTATEN

150 g glatte Petersilie
Salz
250 ml Traubenkernöl

ZUTATEN

1 Hand voll Feldthymian
(nur die Blüten)
100 ml Olivenöl

JOHANNISKRAUTÖL

Johanniskrautblüten in ein Glasgefäß geben und mit Traubenkern-öl auffüllen. Das Glas einige Tage an einem sonnigen Platz stehen lassen; hin und wieder umrühren. Das Öl ist gebrauchsfertig, wenn es sich rot verfärbt hat.

Johanniskrautöl ist nicht nur ein Würzmittel, sondern wirkt auch gegen Magenbeschwerden. Michel Bras würzt mit diesem Öl eine Vinaigrette für rosa gebratene Kalbsleber, die er kalt serviert – zusammen mit einem sensationellen Salat aus chinesischem Rettich (ersatzweise können Sie Feldsalat verwenden) und Eiskraut.

●

LÖWENZAHNÖL

Eine Mischung aus Alchemie und Chemie: Füllen Sie ein Glas mit Löwenzahnblüten, die Sie an einem sonnigen Tag gesammelt haben. Mit Traubenkernöl bedecken. 48 Stunden an einem kühlen Ort ziehen lassen und anschließend durch ein feines Küchensieb seihen, das zuvor mit Magnesiumsulfat bestäubt wurde. Den Vor-gang mehrmals wiederholen.

Durch das Magnesium werden die Wassermoleküle eingeschlos-sen. Das Öl bewahrt so länger sein volles Aroma.

Michel Bras deglaciert damit den Bratensud eines Kaninchen-rückens, der im mild-bitteren Aroma der Löwenzahnblüten schmort.

●

GEWÜRZÖL

Dieses Öl ist eine Mischung aus Traubenkernöl (ersatzweise ein anderes geschmacksneutrales Öl nehmen) und den Essenzen von Zimt, Gewürznelke und Muskat. Die ideale Mischung: Je 1 Tropfen Essenz auf 75 ml Öl.

Michel Bras verwendet das Öl für ein Gemüsegericht aus den grünen Teilen des Lauchs, das er zu gebratener Taubenbrust ser-viert. Die weißen Lauchteile werden separat in etwas Wasser und Butter gedünstet und getrennt dazu gereicht.

ZUTATEN

1 Glas Johanniskrautblüten
Traubenkernöl

ZUTATEN

1 Glas Löwenzahnblüten
Traubenkernöl
Magnesiumsulfat (aus der Apotheke)

ZUTATEN

Essenzen von Zimt, Gewürznelken und Muskat
Traubenkernöl

DIES UND DAS

Ob Suppe, Brühe, Consommé, Velouté oder Cremesuppe: Auch wenn es sich bei allen um eine flüssige Speise handelt, kann sich die Konsistenz doch deutlich voneinander unterscheiden, von klar bis sämig sein, mit allen Zwischenstufen. Suppen werden aus Wasser oder Milch gekocht und können mit allerlei Einlagen angereichert werden. Meistens serviert man sie warm, zu besonderen Anlässen auch eisgekühlt, und nach guter Sitte eröffnen sie das abendliche Menü (aus diesem Grund wird diese Mahlzeit in Frankreich vielerorts noch immer als »souper« bezeichnet). Dabei sollte nicht vergessen werden, dass Suppe jahrhundertelang die Hauptnahrung der armen Bevölkerungsschichten bildete. Und diese Küchentradition ist es auch, an die dieses Kochbuch anknüpfen will.

VON DER EINFACHEN BRÜHE ZUR CREMESUPPE

Seit der Antike hat sich der Geschmack immer weiter verfeinert. Mit der Zeit wurden die eintopfähnlichen Suppen früherer Zeiten mehr und mehr durch feinere, leichtere Varianten (der französische Fachausdruck dafür lautet »potage«) aus unseren Küchen verdrängt. Zwar besteht eine »potage« nach klassischer Definition aus Wasser oder Milch, allerlei grob oder fein geschnittenem Gemüse und eingeweichtem Brot, aber auch französische Eintopfklassiker wie Pot-au-feu oder Potée fallen unter diese Rubrik. Doch davon unabhängig haben konventionelle französische Eintopfgerichte wie Potée

Auvergne oder Poule au pot béarnaise ein ebenso rustikales, bäuerliches Flair wie die gute alte Brotsuppe. Sie sehen: Die Einteilung in kulinarische Kategorien kann zuweilen eher verwirrend wirken.

Trotzdem: Als das Kochen zu einem angesehenen Beruf wurde, entwickelte die Zunft einen Küchen-Fachjargon, der Laien bisweilen Rätsel aufgibt. Wir sind sicher, dass unsere Leserinnen und Leser die Suppen aus diesem Buch auch ohne dieses Spezialwissen nachkochen können. Trotzdem soll an dieser Stelle ein wenig Licht in das Dunkel der Küchensprache gebracht werden. Schließlich gibt es Speisen, die im Topf gekocht werden, seit grauer Vorzeit. Mit »Suppe« bezeichnete man ursprünglich allerdings nur in einer Flüssigkeit eingeweichtes Brot. Diese Bedeutung hat sich mit der Zeit gewandelt. So unterscheidet man heute zwei große Kategorien: die klaren und die gebundenen Suppen.

Klare Suppen werden – wie andere Suppen auch – in großen Kochtöpfen zubereitet, wobei sich das Kochgeschirr mit der Zeit vom einfachen Kessel zu ausgefeilten, modernen Geräten entwickelt hat. Bei der klaren Suppe handelt es sich im Allgemeinen um eine Kraftbrühe (Consommé). Gemüse, Fleisch, verschiedene Kräuter und Gewürze werden sehr lange in Wasser gegart, damit dieses ihr Aroma aufnehmen kann. Man serviert die Consommé pur oder mit anderen Zutaten angereichert, z. B. Fleisch, Geflügel, bestimmten Gemüsesorten, Nudeln oder Klößchen. Die Consommé kann aber auch selbst wieder die Grundlage einer Suppe bilden, deren Geschmack dadurch um ein Vielfaches intensiver wird. Vor allem im Sommer wird Consommé auch geeist serviert.

Zu den gebundenen Suppen gehören Cremesuppen, Einmachsuppen (französisch »velouté«) und Püreesuppen. Ihr Grundbestandteil ist eine klare Brühe oder Milch, der Kochsud von frischem Gemüse oder Hülsenfrüchten oder einfach nur Wasser. Als Bindemittel dienen Stärkemehl, verschiedene Getreidearten (z. B. Reis, Mehl) oder pürierte Zutaten jedweder Art.

Fast alle Gemüsearten lassen sich zu Cremesuppen verarbeiten, beispielsweise Blumenkohl, Artischocken, Sellerie, Sauerampfer, Erbsen, Spargel, Kopfsalat und Pilze. Man gibt das Gemüse sehr fein geschnitten in die Grundzubereitung und püriert anschließend alles: Bereitet man die Suppe auf einer Milchbasis, ähnelt das Resultat einer Béchamelsauce; bilden Wasser oder Brühe die Grundlage, entsteht eine Art Mehlschwitze. Besonders fein wird die Suppe, wenn man sie mit Eigelb und Sahne bindet.

Bei einer Einmachsuppe wird die jeweilige Einlage zuerst püriert und dann mit Eigelb, Butter oder Sahne gebunden. Einmachsuppen können aber auch wie eine Cremesuppe auf Béchamelbasis zubereitet werden. Als Einlage bieten sich beispielsweise Gemüse, Geflügelfleisch oder Pilze an.

Eine besonders edle Variante der gebundenen Suppe ist die »Bisque«, bei der das flüssige »Püree« aus dem gegarten, ausgelösten und zerkleinerten Fleisch von Hummer, Krebs, Garnele, Taschenkrebs, Kaisergranaten oder anderen Krustentieren besteht. Wie bei einer Creme- oder Einbrennsuppe wird das Ganze mit Stärkemehl, Eigelb oder Sahne gebunden, um eine glatte Konsistenz zu erhalten.

FÜR DEN GUTEN GESCHMACK

Welche Würzmittel man in vorgeschichtlicher Zeit beim Kochen verwendete, ist leider nicht überliefert. Antike Texte belegen jedoch, dass die Menschen seit Jahrtausenden das Aroma ihrer Speisen mit Hilfe von Gewürzen und Kräutern mehr oder weniger erfolgreich zu verbessern suchten. Die Römer beispielsweise griffen beherzt zu einem Universalgewürz namens »garum« oder verliehen dem Essen mit Honig eine süße Note. Auch in der mittelalterlichen Küche waren Honig und Gewürze in den ungewöhnlichsten Kombinationen verbreitet. Heutzutage wird alles daran gesetzt, die Kunst im Umgang mit aromatischen Kräutern und exotischen Gewürzen immer weiter zu verfeinern. Neben den altbewährten Küchenklassikern wie Knoblauch und Zwiebeln oder dem unverzichtbaren Bouquet garni (einem Gewürzsträußchen aus Thymian, Lorbeer und Petersilie, Kerbel, Gewürznelke und Bleichsellerie oder Eppich, seinem dezenteren Verwandten) gibt es eine Vielzahl weiterer Küchenkräuter und Gewürze, mit denen sich – wohl dosiert – Suppen und Eintopfgerichte verfeinern lassen.

Eine Vielzahl dieser Würzmittel haben Sie bereits im Rezeptteil dieses Buches kennen gelernt. Wer am Kochtopf lieber improvisiert, kann darüber hinaus auf viele klassische Kombinationen zurückgreifen. Einige Anregungen: Wacholder ist vorzüglich für Kohlgerichte geeignet, Muskat für Béchamel, Pürees und Kürbisspeisen. Quatre-épices, eine Gewürzmischung aus Gewürznelke, Zimt, Muskat und Pfeffer (manchmal auch Ingwer), passt zu Schwein und Wild. Meerrettich, am besten frisch gerieben, dient als scharfe Würze im Pot-au-feu. Ingwer passt zu allen asiatischen Suppenrezepten, Safran zu Fischsuppen. Auch Dill und Fenchel sind klassische Fischgewürze. Kümmel ist der Star der elsässischen Küche. Paprika verleiht den Suppen der Balkanländer ihr pikantes Aroma und ohne Basilikum gäbe es kein Pistou.

Ein Spritzer Öl, abgestimmt auf die jeweiligen Zutaten, kann den Geschmack einer Kraftbrühe oder Cremesuppe oftmals noch zusätzlich verbessern. Wählen Sie ein Oliven-, Sesam-, Nuss- oder Kürbiskernöl. Oder verfeinern Sie Ihre Gerichte mit einem jener aromatisierten Öle von Michel Bras in Laguiole. Seine besten Rezepte verrät er Ihnen auf Seite 146 f.

NAHRHAFTE EINLAGEN

Viele Dinge, die roh vielleicht gerade noch genießbar sind, werden zum Hochgenuss, wenn man sie gart. Diese Tatsache allein rechtfertigt schon die Erfindung des Kochtopfs und der Suppe. Doch auch die köstlichste Flüssigspeise, mag sie auch Fleisch- oder Gemüse enthalten, vermag in manchen Fällen nicht die hungrigen Mägen zu füllen.

Schon in frühester Zeit pflegte man daher Suppen mit Teigwaren aller Art anzureichern, wie Brot, Fladen oder Klößchen. Sie verliehen der Suppe »Körper«, enthielten viel Stärke und Eiweiß und sorgten in Verbindung mit dem mineralstoff- und vitaminreichen Suppengemüse für ein ausgewogenes, nahrhaftes Mahl. So wurde die Suppe ein vollständiges Gericht – und das weltweit!

Im präkolumbischen Amerika waren Maisfladen ein Hauptbestandteil der Ernährung. Eine alte Bilderhandschrift zählt allein sieben verschiedene Rezepte auf. Die Inkas verdickten ihre Suppen mit Quinoa (den Samen eines Gänsefußgewächses) und würzten sie mit Chili. Die Reisnudelherstellung in China geht bis in die Han-Zeit (um 200 n. Chr.) zurück. Die Inder dickten ihre Gemüsebrühe mit einer Art Reismehl ein. Und die Kochkunst der Ägypter war so berühmt, dass die Hebräer sich, noch lange nachdem sie das Pharaonenreich verlassen hatten, nach den Fleischeintöpfen sehnten – ein üppiges Mahl aus dicken Bohnen, Linsen oder Erbsen, die mit Geflügel oder anderem Fleisch zu einer dicken Suppe gekocht wurden.

Im Laufe der Zeit wurden die Suppeneinlagen immer vielfältiger. Dieses Buch zeigt, dass in der Suppenküche heute von der einfachsten Brotsuppe bis zum extrem feinen Geflügelconsommé mit Profiteroles (siehe Seite 56) alles möglich ist. Hier noch einmal die wichtigsten Einlagen: dünne salzige Pfannkuchen oder Blini (das Rezept finden Sie auf Seite 143) – in dünne Streifen geschnitten. Nudeln aller Art – von Bandnudeln bis zu Makkaroni mit Pistou.

Ganz besonders köstlich sind frische Fleischschnecken (siehe Seite 72). Herzhaft gefüllte Fleischnocken (Rezept Seite 54) sind zur Kraftbrühe, Velouté und zu vielen anderen Suppen ein Gedicht. Ebenso köstlich schmecken mit Spinat oder Mangold und Ricotta gefüllte Ravioli.

Und vergessen Sie nicht die vielen verschiedenen Klößchen aus Fisch oder Fleisch zu probieren (siehe z. B. Seite 54).

Hinter dem okzitanischen Gericht »Milhas« verbirgt sich ein Maisbrei, der an die italienische Polenta erinnert und durch diese gut ersetzt werden kann. Die Polenta wird nach dem Kochen auf ein Backblech gestrichen, lässt sich in kaltem Zustand wie ein Kuchen aufschneiden und als Einlage für Brühen unterschiedlichster Art verwenden. Wer mag, röstet die Polentascheiben vorher kurz in der Pfanne oder auf dem Grill an. Die klassische Zubereitung von Polenta ist zwar einfach, jedoch etwas zeitaufwändig, denn der Brei will ausdauernd gerührt werden.

PRAKTISCHE HINWEISE

Gemüse

Ebenso wie sich aus verdorbenem oder unreifem Obst keine gute Konfitüre kochen lässt, kann geschmacksneutrales Gemüse niemals eine gute Suppe ergeben. Egal von wo das Gemüse stammt, aus dem eigenen Garten oder vom Gemüsehändler an der Ecke: Es sollte immer knackfrisch und reif sein und makellos aussehen. Lassen Sie unreife, fade Tomaten, vergilbten Lauch, schlaffen Salat und runzelige Möhren liegen! Bewahren Sie das Gemüse an einem kühlen Ort auf (z. B. im Gemüsefach des Kühlschranks) und verarbeiten Sie es bald! Denn auch durch zu langes Lagern verliert das Gemüse an Aroma.

Fleisch

Durch sanftes Garen kann so genanntes »minderwertiges« Fleisch oft geschmacksintensivere Suppen ergeben als vermeintlich edlere Abschnitte – und billiger ist es obendrein. Bei Rindfleisch sind folgende Stücke empfehlenswert: Wer es schön durchwachsen mag, verwendet Hinterhesse, Muskelfleisch, Schwanz und Backe. Rinderbrust sowie Querrippe sind eher fett, Bug und Schulterstück magerer. Das beste Aroma erzielt man, wenn man zwei Sorten Fleisch mischt.

Auch Kalbfleisch lässt sich in eher fette und magere Stücke aufteilen. Zur ersten Kategorie gehören Kalbsbrust, Dünnung, Hochrippe und Haxe. Mager, aber auch erheblich teurer, ist das Keulenstück aus der Unterschale.

Schweinefleisch kann als Frischfleisch – Querrippe, Schinken, Rücken, Bugfleisch – oder geräuchert (Speck und Würste) verwendet werden. Fettes Hammel- oder Lammfleisch ist für die Zubereitung von Suppen dagegen weniger geeignet.

Damit das Fleisch für eine geschmacksintensive Brühe sorgt, gibt man es zusammen mit den Gewürzen in kaltes Wasser und bringt dieses langsam zum Kochen. Erst später kommt dann das Gemüse dazu, wobei der genaue Zeitpunkt von der jeweiligen Gardauer abhängt. Kartoffeln kocht man in etwas Brühe separat in einem zweiten Topf, damit die Grundbrühe nicht trüb wird. Zum Abschluss wird die fertige Fleischbrühe abgeseiht. Sie schmeckt noch besser und wird bekömmlicher, wenn man sie anschließend im Kühlschrank gut auskühlen lässt. Dabei sammelt sich das Fett an der Oberfläche, sodass man es mit einem Schaumlöffel problemlos abschöpfen kann. Wenn Sie die Brühe nun wieder erhitzen, ist sie ganz klar.

EINIGE FACHAUSDRÜCKE

Für »Normalsterbliche« ist der Fachjargon der Küchenchefs zuweilen ein Rätsel. Zwar wurde in diesem Buch auf Fachausdrücke so weit wie möglich verzichtet, weil sie sich in den meisten Fällen auch auf unkompliziertere Art wiedergeben lassen. Die folgenden Fachausdrücke sollten jedoch auch Laien kennen:

Anbräunen: Das Gargut wird in Fett gebraten. Gedünstetes Fleisch oder Gemüse wird dagegen nicht gebräunt.

Beiseite stellen: Eine Teil des Gerichts wird beiseite gestellt und eventuell warm gehalten, um in einem späteren Arbeitsgang weiter verarbeitet zu werden. Das Warmhalten kann problematisch werden, wenn nicht genügend Herdplatten oder Wasserbadtöpfe zur Verfügung stehen. Notfalls tun es der schwach erhitzte Backofen (max. 100 °C, die Ofentür muss einen Spalt geöffnet bleiben), ein hoher Dampfkochtopf mit Locheinsatz, ein heißer Backstein, ein Mikrowellengerät (Mindesttemperatur), die Zentralheizung oder der Kaminsims.

Binden: Durch Zugabe von Mehl, Butter, Sahne, Eigelb, Speisestärke o. Ä. wird der Suppe eine sämige Konsistenz verliehen.

Blanchieren: Das Gemüse wird für einige Minuten in kochendem Wasser überbrüht, damit es seine Bitterstoffe verliert (z. B. Kohl). Anschließend wird es sofort kalt abgeschreckt (damit es die Farbe behält) und gut getrocknet.

Brunoise: Bei dieser Schnittmethode wird das Gemüse in winzige Würfel geschnitten.

Deglacieren (Ablöschen): Der Bratensatz im Kochgeschirr wird mit etwas Flüssigkeit (z. B. Brühe, Alkohol, Wasser) verflüssigt.

Degorgieren: Fleisch oder Innereien eine Weile in kaltem Wasser liegen lassen, um Blutreste und andere Verschmutzungen herauszuschwemmen.

Emincieren: Gemüse oder Fleisch in dünne Scheiben schnetzeln.

Klären: Entweder wird die Brühe durch ein feines Filtertuch (Etamin) oder Küchensieb gestrichen oder man gibt ein geschlagenes Eiweiß hinein. Wenn das Eiweiß gerinnt, bindet es die Schwebeteilchen, die sich dann mitsamt dem Eiweiß leicht entfernen lassen. Ideal ist es, beide Methoden zu kombinieren und die Brühe erst mit Eiweiß zu klären, anschließend noch einmal durch ein feines Sieb zu filtern.

Julienne: Bei dieser Schnittmethode wird Fleisch oder Gemüse in gröbere oder feine Stifte geschnitten.

Konkassieren: Schroten, grob zerstoßen.

Mazerieren: Eine Speise zum Aromatisieren in einer Flüssigkeit ziehen lassen. Bei Fleisch nennt man dies »marinieren«.

Pochieren: Garziehen ohne Deckel in einer Flüssigkeit, die unter den Siedepunkt erhitzt wird.

Reduzieren (Einkochen): Eine Brühe durch Kochen bei großer Hitze verdampfen lassen, damit sie einen konzentrierten Geschmack erhält.

DIE TECHNISCHE GRUNDAUSSTATTUNG

Für die Rezepte dieses Buches genügt die Standardausstattung: Ein Küchenmixer, ein Passiergerät, insbesondere mit feinem Siebeinsatz, ein Fleischwolf, ein Spitzsieb, ein Mörser mit Stößel, ein Seihtuch, das zum Abfiltern von Flüssigkeiten in das Küchen- oder Spitzsieb gelegt wird, ein Gemüseschäler, ein Handrührgerät, ein Backblech und die herkömmliche Auswahl an Koch- und Suppentöpfen unterschiedlicher Größe. Ein Schnellkochtopf ist nicht unbedingt notwendig, spart aber viel Zeit. Kocht man eine Fleisch- oder Gemüsebrühe muss er jedoch während des Garvorgangs geöffnet werden, da das Gemüse meist unterschiedliche Garzeiten hat und deshalb erst nach und nach in den Topf kommt. Wenn Sie den Schnellkochtopf unter kaltem Wasser abspülen, lässt er sich problemlos öffnen.

ZU GUTER LETZT

Bereiten Sie Fleischbrühe immer in größeren Mengen zu. Den Rest füllen Sie in Eiswürfelbehälter und frieren ihn ein. So haben Sie für köstliche Fonds und Saucen stets kleine Portionen vorrätig.

REGISTER